精選日文読解

金昌奎 編著

제이앤씨
Publishing Company

머 : 리 : 말

국내에 中, 高級日本語読解 専用教材가 별로 없다고 느끼고 있던 차에 短文과 長文들로 이루어진 좋은 글들을 접하게 되어 이 教材를 쓰게 되었다.

이 책은 中, 高級日本語를 배우고자 하는 学生들을 위해 쓰여 졌으며 편저자는 中, 高級수준의 日本語文章들 중에서도 최대한 教訓的인 글들을 모으려고 애를 썼다.

教材의 構成은 短文130選, 長文50選, 總180選으로 이루어져 있으며, 学習者의 이해를 돕기 위해 各 文章들 밑에 간략하게 解説를 덧붙여 놓았다.

편저자는 이 책을 공부하는 読者들에게 본 教材를 철저하게 공부함과 동시에 有益한 内容들을 가슴에 새겨 靈魂이 성장하는데 도움이 되었으면 하고 바라마지 않는다.

끝으로 이 책의 출판을 허락해 주신 제이앤씨 사장님을 비롯하여 워드작업을 도와준 대학원 제자 이종은, 이지영, 장연실, 이승미, 최명화양에게도 감사드린다.

2009. 6. 15

편저자 金昌奎

목 : 차

短文

1~130

読解

1

道徳は人間にとって最上のものではない。だが最も支配力をもっているものだ。人間に最も正しい命令権をもっているものは道徳である。道徳以上の人間はあり得る。少なくも道徳以上に生きている瞬間は人間にはけっして少なくない。しかし多くの人間はまた道徳以下に生活している。だから人間は絶えず反省してみて、自分の不正なことを知るときは直すべきである。

~にとって ~에게 있어서 / あり得る 있을 수 있다

2

ある日余はエリスに出会い、その窮状を救ったことから彼女との交渉が生れたが、それがもとで免官され、折から報じられた母の死もあって、とうとうエリスと同棲することになった。こうして余は、つらいなかにも愛に包まれた楽しい月日を送ることになったが、それはまた学問のすさんでいく月日でもあった。

窮状(きゅうじょう) 곤경, 어려운 상태 / 免官(めんかん) 면직 / 折(おり)から 때마침, 마침 / 同棲(どうせい) 동거

3

自分が最も尊敬する聖者は、最も純な美しい心の持主だ。彼らはすべての人の生命が美しく生きることを純粋に望んでいる。自分の生命を完成するとともに他人の生命の完成を望んでいる。そしてそれにはどうすればいいかを知ってその真理から少しもはみ出さない人たちだ。万々が一はみ出しても、すぐ自分の悪いことに気がつき、真理の道に帰ることができた人だ。どう生きるのが本当かということを、われらはじつによく知っている。

万が一 만일에 하나 / 純(じゅん)だ 순수하다, 순진하다

4

　私は、人間の罪ということについて深く考え続け、死んだ気持で生きていこうと決心する。しかし、結局そのような苦悩に満ちた生活を続けていくことに堪えきれず、こうした苦しみからのがれようと、自殺を考えるようになる。この私の考えは、妻へも打ち明けることができず、いつも黒い影を背負っていた。そのうちに明治天皇が崩御され、引き続いて乃木大将が殉死した。私は心に深い衝撃を受け、ひそかに自殺しようと覚悟する。

堪えきれず 참지 못하고, 견디지 못하고 / 背負(せお)う 짊어지다 / 崩御(ほうぎょ) 서거, 승하

5

私は、真夜中ごろになって目がさめました。けたたましい雁の鳴き声によって目がさめたのです。隣の部屋で、傷ついた雁は、かん高くかつ短く三度ほど鳴きました。足音を忍ばせてふすまのすきまからのぞいてみると、雁は、足や翼を縛られたまま、五燭の電燈の方に首を差し伸べて、もう一度鳴いてみたいようなようすをしていました。おそらく、この負傷した渡り鳥は、電燈のあかりを夜ふけの月と見違えたのでしょう。

真夜中(まよなか) 한밤중 / 目がさめる 눈을 뜨다 / 足音を忍ばせる 발소리를 죽이다 / 雁(がん) 기러기

6

女性は結婚・家庭・育児という従来の役割分担を踏襲する人が依然として多い。それは結婚して子どもが生まれると、仕事を続けていくにはあまりにも体力的、精神的負担が大きすぎるからである。したがって、ほとんどの女性は、かなり職場の身分や地位に執着があっても、退職せざるを得ないのだ。女性が子どもを育てながら仕事を続ける社会的な体制がまだ整っていないことが、女性の職業意識の弱さにつながっている。

依然として 여전히 / せざるを得ない ~하지 않을 수 없다

7

今年の四月から五月にかけて三週間ばかりヨーロッパ旅行をしたが、その帰路のこと、飛行機のなかで小さなパリジェンヌとお友だちになった。五歳ぐらいだと思われる彼女は、フランス人の青い目のお父さんと、アジア人の黒い目のお母さんといっしょに、ヨーロッパから東南アジアへ向かう飛行機に乗っていた。彼女は、竹で編んだ手さげ籠にマスコットらしいフランス人形やらハンカチーフやらボンボンやらを入れ、大切そうにかかえ込んでいたが、その抱いているフランス人形よりも彼女の方がはるかに美しく可愛らしかった。

手さげ籠(かご) 손바구니 / かかえこむ 끌어안다 / パリジェンヌ 파리의 여성

8

人間は類人猿のようなものから変化して生まれたものかと思うが、最初の人間もすでに画を書くことを知っていた。おそらく言葉をつくり出すことを知り、歌もうたったであろう。子供は言葉を知らないうちから、踊ったり歌ったりし、何かものを言おうとする。踊りは他の動物にもあると思うが、しかしそれは鳥が歌うと同じような本能的な踊りで、心の変化がその踊りには見られないと思う。人間はお互いに意志の疏通をはかる熱意が他の動物よりずっと強く複雑だ。頭のできがちがう。

画(え) 그림 / でき 됨됨이

9

われらにとって肉体をいかすことは大事なことである。また、生活を楽しくすることも喜びである。しかし生き甲斐を感じるのには、やはり強大な精神力を感じることができ、自分の精神力が目醒めるときである。人間の精神力はふつうは半睡の状態にある。その全力を発揮しない。ただあるときにその全力が目醒める。すると人間は生き甲斐を得るのである。精神が振り起こされることで人間は生き甲斐を感じ得るのである。

~にとって ~에게 있어서 / 目醒(めざ)める 눈뜨다, 깨어나다 / 生き甲斐(がい) 사는 보람

10

今朝、障子をあけたら庭は小雪が散らばっていた。また雪か、と思う。私は九州生まれのせいか知れない。九州では雪が珍しく、私の老母など雪の日は窓をあけて「ええな、ええな」と見とれていたものだ。ここをほんとは標準語の「いいな、いいな」と書くべきだろうが、私にはやはり熊本訛りそのままに聞こえることが、なんとも故郷の庭の雪景色をそのまま現してくれるのである。

障子(しょうじ) 장지, 미닫이 / 小雪(こゆき) ↔ 大雪(おおゆき) / ええな(いいな) 좋구나! 아 좋다 / 見とれていたものだ 넋을 잃고 바라보곤 했었지/ 熊本訛(くまもとなま)り 구마모토 방언

11

それにしても、私は冬の木々の美しさ、たくましさをだれにも告げたい。芽吹きのときも、また紅葉するときもよいのだが、もっとも力の充実してつややかともいいたいのは冬木たちである。ことにも落葉樹はおのれの見事な枝振りを大空に示している。けやきの梢はまるですばらしいレースの模様のように小枝たちを群がらせ、それがまた決して侵しあいせめぎあう枝たちでなく、実によき配分にて冬の青空を領しあっているのである。

芽吹(めぶ)き 싹이 틈 / 紅葉(もみじ)する 단풍 들다 / 冬木(ふゆき) 겨울에 잎이 다 떨어진 나무 / 梢(こずえ) 나뭇가지 끝 / よき配分にて=よい配分で / 領(りょう)する 소유하다

12

幸いなことに、そのとき店には電話がかかってきた。近眼の主人は愛想の悪い返事をしていたが、相手は何かしきりに勧誘しているらしく、おやじはなかなか電話を切れないでいた。それが終わるとまもなく、赤ん坊を背中におぶった母親が、問題集のことで何かくどくどと、交渉しに現れた。彼女も教育ママの一人であるらしかったが、彼女が帳場の前に立ちふさがっているおかげで私たちは店の主人の視野に入らないでいられた。

幸いなことに 다행히도 / 愛想(あいそう)の悪い返事 퉁명스러운 대답 / 背中(せなか) 등 / 帳場(ちょうば) 카운터

13

おそろしいものも、人によっていろいろとあるようです。三島由紀夫氏はカニがおそろしいそうです。石原慎太郎氏は蛾と蝶がおそろしいそうで、これなどはなかなか詩的なおそろしがり方といえるかもしれない。私によく似ている或る詩人は、蜂の巣がおそろしいのだそうです。彼の名誉のために一言しておきますが、蜂に刺されるのがこわいのではない、蜂の巣の、あの同じ大きさの六角形がうじゃうじゃとくっついているのが何ともいえずおそろしいのだそうです。

三島由紀夫(みしまゆきお) 人名 / 石原慎太郎(いしはらしんたろう) 人名 / 蛾(が)나방 / 蝶(ちょう) 나비 / 蜂(はち) 벌

14

噂は過去も未来もしらない。噂は本質的に現在のものである。この浮動的なものに我々が次から次へ移し入れる情念や合理化かによる加工はそれを神話化してゆく結果になる。だから噂は永続するに従って神話に変わってゆく。その噂がどのようなものであろうと我々は噂されることによって滅びることはない。噂をいまでも噂にとどめておくことができるほど賢明に無関心で冷静であり得る人間は小なくない。

噂(うわさ) 소문, 평판 / ~に従って ~에 따라서 / どのようなものであろうと 어떤 것이든

15

海外での生活を充実したものにするために、欠かすことのできないのは友人である。それも、土着の友人である。かけがえのないのは異国の友人なのだ。それも多ければ多いほどよい。私がここでいう友人とは、心の底から許しあえる、歴史を積み重ねてきた友人である。それは若いころからの密度の濃いつき合いによって、はじめて可能になる。昨日今日の交際からは期待できないものである。さらに、彼らと十分に意志の疎通ができる語学力が前提とされる。ことばは最重要課題である。

かけがえのない 더할나위 없는

16

日本人の「話せる」とか「話ができる」という場合は、気が合っているか、一方が自分をある程度犠牲にして、相手に共鳴、あるいは同情をもつことが前提となる。すなわち、感情的合流を前提として、はじめて話ができるのであるから、お互いに相手について一定の感情的理解をもっていなければならない。したがって、初めてあった人とか、知らない人とかとは、日本人は、実に会話が下手であり、つまらない内容のことしか喋ることができないという弱点をもっている。

気が合う 마음(기분)이 맞다 / 喋(しゃべ)る 재잘거리다, 지껄이다

17

噂はあらゆる情念から出てくる。嫉妬から、猜疑心から、競争心から、好奇心から、等々。噂はかかるものでありながら噂として存在するに至ってはもはや情念的なものでなくて観念的なものである。情熱をもって語られた噂は噂として受取られないであろう。そこにいわば第一次の観念化作用がある。第二次の観念化作用は噂から神話への転化において行われる。神話は高次のフィクションである。

噂(うわさ) 어떤 사람이나 일에 대한 말, 소문 / 猜疑心(さいぎしん) 질투하여 의심하는 마음

18

早いもので日本に来てから、もう一年余りも過ぎました。大都会東京の朝の混雑ぶりにもどうにか慣れましたが、地下鉄を使って目的地まで最短距離でいくには、どの線路に乗ればよいか、また交通費をすこしでも安くあげるにはどう乗り継いでいけばよいか、あらかじめ東京近郊交通路線図とにらめっこをしてから出かけるという日々です。というのも、いわゆるJR線(旧国鉄)という重要な線路のほかに、私鉄線、地下鉄線などが数多く走っており、地下鉄は十線もあるのですから。JR線は私鉄線や地下鉄線よりも高いので、同じ場所へ行くにも、私鉄や地下鉄をつかうほうがかなりやすくなるのです。経費節減のためにも知恵をしぼっています。

混雑ぶり 혼잡스런 상태 / どうにか 그럭저럭 / にらめっこをする 눈싸움하다 / 知恵をしぼる 지혜를 짜다

19

日本人の食生活はかなり豊かになってきている。ただ空腹を満たすための食事ではなく、健康に配慮し、ゆっくりと食べて雰囲気を楽しむ人も増えてきた。とはいえ、その一方でうどんやそば一杯だけをあたふたと胃袋に流し込むサラリーマンも多い。食は文化である。欧米人に見られるように、ワイン片手に家族と昼食をとるという習慣はない。食事に時間をかけるという習慣が、多忙な日本人にも取り入れられるものかどうか。ゆとりが叫ばれる昨今、食事の中身はもちろん、食べる雰囲気にもっと意を尽してもよさそうにおもわれるのだが。

~とはいえ ~라고는 하지만 / 欧米人(おうべいじん) 유럽과 미국사람 / ワイン片手(かたて)に 와인을 한 손에 들고 / 意を尽くす 마음을 다하다, 정성을 다하다

20

昔は結婚式を自宅でするのが普通でした。しかし最近は専門の結婚式場やホテルを利用する人が多くなってきました。その上、秋に式を挙げる人が多く、大安の日をえらぶ人が多いので、結婚式場がこみあいます。東京では、式場の申し込みは6か月以上前にしておかなければなりません。その結果、婚約してから結婚式を挙げるまでの期間は平均9か月となっています。結婚式には神前結婚式、教会結婚式、仏前結婚式などがありますが、一番多いのは神前結婚式です。神前結婚式はキリシト教の結婚式にならったもので、明治33年(1900)にはじまったものです。

式を挙げる 식을 올리다 / 大安(たいあん)の日 음양도(陰陽道)에서 여행・결혼 등에 길하다는 날 / 申し込み 신청

21

ぼくは、八つか九つのとき、蝶集めを始めた。初めは特別熱心でもなく、ただ、はやりだったので、やっていたまでだった。ところが、十歳ぐらいになった二度めの夏には、ぼくは全くこの遊戯のとりこになり、ひどく心をうち込んでしまい、そのためほかのことはすっかりすっぽかしてしまったので、みんなは何度も、ぼくにそれをやめさせなければなるまい、と考えたほどだった。蝶を採りに出かけると、学校の時間だろうが、お昼ご飯だろうが、もう、塔の時計が鳴るのなんか耳にはいらなかった。休暇になると、パンをひときれどうらんに入れて、朝早くから夜まで、食事になんか帰らないで、駆け歩くことがたびたびあった。

~だろうが~だろうが ~이든 ~이든 / どうらん 식물채집통

22

生活のためにも、できたら人間の誇りを失わない農業は美しい仕事と思う。現世の仕事としてはばかげた仕事だと思う人があるかもしれない。しかし人間の生命の必需品を生産する仕事は立派な仕事である。ことに、精神も肉体もこめて研究的にやり、一年一年とその仕事の秘密を会得してゆくものにとっては立派な仕事であり、多くの農民を助ける仕事でもある。

誇(ほこ)り 긍지, 자랑 / 会得(えとく) 터득, 깨침 / ～にとっては ～에게 있어서는

23

卒業してから八日目に校長が呼びに来たから、何か用だろうと思って出かけていったら、四国辺のある中学校で数学の教師がいる。月給は四十円だが、行ってはどうだという相談である。おれは三年間学問はしたが、実をいうと、教師になる気も田舎へ行く考えも何もなかった。もっとも教師以外に何をしようというあてもなかったから、この相談を受けたとき、行きましょうと即席に返事をした。これも親ゆずりの無鉄砲がたたったのである。

親ゆずりの無鉄砲(むてっぽう)がたたる 부모에게 물려받은 무분별함이 탓이 되다

24

終戦の年の六月、ほとんどが焼け野原になった東京をあとにして、北國に疎開した私は、H市の女学校に勤めることになりました。冬は大雪を降らせる温度の高い土地の六月は、毎日毎日うっとうしい雨に降り込められていました。あのころのことを思い出すたび、校舎の中庭に降りそそいでいた白い雨あしや、モンペ姿で素足にわらぞうりをはいた生徒が目に浮かんできます。

焼け野原(やけのはら) 불타버린 들판 / 雨に降り込めらる 비에 갇히다 / 雨(あめ,あま)あし 빗발, 빗줄기 / 素足(すあし) 맨발

25

飲んだあとで書物をひろげる。二、三ページ読むと眠くなる。よだれを本の上へたらす。これが彼の毎夜くりかえす日課である。わが輩は猫ながらときどき考えることがある。教師というものは実にらくなものだ。人間と生まれたら教師となるにかぎる。こんなに寝ていて勤まるものなら猫にでもできぬことはないと。それでも主人に言わせると教師ほどつらいものはないそうで、彼は友だちが来るたびになんとかかんとか不平をならしている。

わが輩(はい) 나(자신을 높임) / なるにかぎる 되는 것이 최고다 / なんとかかんとか 이러쿵저러쿵 / 不平をならす(もらす) 불평하다

26

親ゆずりの無鉄砲で子供のときから損ばかりしている。小学校にいる時分、学校の二階から飛び降りて、一週間ほど腰を抜かしたことがある。なぜそんなむやみをしたと聞く人があるかもしれぬ。別段深い理由でもない。新築の二階から首をだしていたら、同級生の一人が冗談に、いくらいばってもそこから飛び降りることはできまい。弱虫や-い。とはやしたからである。小使いにおぶさって帰ってきたとき、おやじが大きな目をして二階ぐらいから飛び降りて腰を抜かすやつがあるかと言ったから、この次は抜かさずに飛んでみせますと答えた。

無鉄砲(むてっぽう) 무모함, 분별없음 / 時分(じぶん) 때, 무렵, 당시

27

昔のいわゆる豪傑の士は、必ず人なみすぐれた節操を持っていた。人間の感情には、がまんできないことがあって、つまらない男でも人から辱められると、剣を抜いて立ち上がり、身を投げだして戦うものだ。しかし、これは勇気とよべるほどのものではない。世の中には大勇というものがある。その大勇を具えた人は、急にそばに向かっていっても驚かないし、理由なく害を加えても怒らない。これは、その人が心の中に抱いているものが非常に大きく、志が非常に遠いところに向いているからである。

人なみ 남정도, 남만큼 /　~に向く ~을 향하다

28

日本人はふしぎな人々だ、との見方が外国の人の間で語られている。もっともな疑問だ。たとえばこんなふうに言う。日本人はひたすら海外の市場に乗り出すが、暮らしがとくによくなったようにはみえぬ。土地、住宅、生活費は法外に高い。下水道普及率の低さ。通勤電車のこみ方。道路網の不備。都市生活は、日本ほど豊かでない国よりも、快適さにおいて劣る。それなのに政策はそうした問題の改善に向かわない。より快適な生活をあきらめ、世界中を敵にまわしてまで追い求める究極の目的は何なのだろう。

市場(しじょう)に乗り出す 시장으로 진출하다 / 法外(ほうがい)に 대단히

29

男のこけんにかかわると思っている食器洗い、アイロン掛けなどはむしろ女性より男性に適したもので、手首、握力の優れた者のする家事労働である。世の男性諸氏、単身赴任、海外出張、または老後のため家事一切が一人でできるよう、奥さんから習っておいた方がよいですぞ。一日三種以上のものを食べ、偏食しないこと。プロたる主夫は料理が出来上がったときは、台所用具すべて洗っておく。いま妻の忠告を肝に銘じ、料理作りに励んでいる。単身赴任万歳。料理作りもまた楽し。

こけんにかかわる 체면에 관계되다 / プロたる主夫 프로인 주부 / 肝(きも)に銘じる 명심하다

30

履歴書に大学名を書かなくてもいいという企業が現れた。レコード業界トップのCBSソニーである。脱学歴に踏みきった背景には、出身大学にはこだわらず、個人の能力を思う存分に伸ばすという社風がもとからあった。同社は創業二十二年で、若手グループの力が、有能な若いアーチストを大量にこの世界に送り出してきたという実績をもつ。ヒットを生むアーチストを見抜くには、学歴など何の役にも立たない。どこの大学を卒業をしたかではないのだ。若者たちが何を求めているのか、そして、彼らが一体、世の中に何を問いかけているのか、それらを確かにつかむ先見の明がこの会社にはあったのだろう。かつては、「寄らば大樹の陰」ということばが定説になっていた。大企業に就職すれば年功序列で、とくにミスをしなければ生涯安泰に暮すことができる。いわゆるブランド志向がまかり通っていた。しかし、そのブランド志向もいずれ影をひそめるに違いない。

先見(せんけん)の明(めい) 선견지명 / 影をひそめる 그림자를 감추다

31

僕は人間のうちで聖人をいちばん尊敬するのは、聖人はすべての人が生きる道を知って、その道を行う人だからである。英雄豪傑は、相手を屈服させることは知っているが、相手を征服するので相手を生かすのではない。聖人はどんな小さい生命をも、その処を得させ、生きる道を教えている。すべての人が大調和の域に入って生きるにはどうすればいいかを知って、それを行なう人だ。だから僕たちはその人の教えを受け、それを実行すれば生き甲斐を得られ、死に甲斐を得られる。英雄は僕たちには真似ができないことをするが、しかしすべてを生かす道ではない。自分の味方は生かすが、敵はやっつけて余すところがない。改心すれば許すという行き方ともちがう。

域(いき) 단계, 정도, 경지 / 生き甲斐(がい) 사는 보람 / 真似(まね) 흉내

32

驚いたことに、彼はわき目もふらず、私のそばまで来ると——というより、私の体の陰にぴったりと隠れるように立つと——少しも惑わずにある少年週刊誌のある漫画のページをあけた。そして、身も心も吸い取られそうに夢中で読み始めた。少年が帽子のひさしを引き下げたのも、私のわきにぴったり寄り添って立ったのも有名な雷おやじの癖を知っていて立ち読みをやましく思っているからに違いない。

驚いたことに 놀랍게도 / わき目もふらず 한눈 팔지 않고 / 雷(かみなり)おやじ 걸핏하면 야단치는 아버지, 또는 가게주인

33

私はときどき妻にあやまりました。それは多く酒に酔っておそく帰ったあくる日の朝でした。妻は笑いました。あるいは黙っていました。たまにぽろぽろと涙をおとすこともありました。私はどっちにしても自分が不愉快でたまらなかったのです。だから私の妻にあやまるのは自分にあやまるのとつまり同じことになるのです。私はしまいに酒をやめました。妻の忠告でやめたと言うより、じぶんでいやになったからやめたといったほうが適当でしょう。

どっちにしても 어느 쪽일지라도 / しまいに 끝내는

34

戦後、親孝行ということについていろいろと議論が沸騰した。親孝行無用論などという主張さえまかりでる始末だったが、これもまた奇妙な話である。無用とか、有用とかいう生活感覚の低さが問題なのだ。そういう点では、小鳥のような動物たちの方が、どんなにすがすがしくて気持ちがいいか知れない。彼女たちも子を育てることにかけては人後におちぬ愛情と献身を示すが、彼女たちは、巣ごもりをし、子を育てることそのことにすでに十分の報いと無限の意味を自得している。子を育てている時期の彼女たちの生活は一年を通じてもっとも充実しきった、こぼれるような豊かさを感じさせる。ひな鳥は自立できるころになると、いとも自然に喜々として巣立ってゆく。無償の行為というか、実は彼女たちにおいては、与えることはそのまま同時に与えられることであり、子を育てることそのことに、かけがえのない生の歓喜と充実があるのであって、報いはその場で受けているのだ。

親孝行(おやこうこう) 효도 / 始末(しまつ) 형편, 사정 / ~にかけて ~에 관해서, ~에 대해서 / 巣ごもりをする 둥지속에 틀어박히다 / 充実しきる완전히 충실하다 / 喜々として 희희낙락하게

35

これは既成の人間関係についても言えることである。やっかいな割には、密度が稀薄な人間関係を整理し、排除することに意が動く。大手を広げてだれでもみんな友達とおおらかに包み込む精神的余裕がなくなっていることに気づく。できる限りストレスを避けようとしているのだ。その生き方に疑問を覚えてはいる。しかし、そうせずには自分を確立できないほどに神経が細くなってしまっているのである。

やっかいな割(わり)には 성가실 때는 / 意が動く 마음이 작용하다, 생각이 미치다 / そうせずには 그렇게 하지 않고는

36

自分は男として女身を美しく思うが、しかしギリシャの彫刻に表われた男の裸体の彫刻もじつに立派だと思った。ウィーンにあった「勝利」という男の裸体の彫刻を見たとき、自分はじつに感心した。その後ローマでそれ以上のものをたくさん見た。人体はやはり男女ともたいしたものと思う。かくのごときものをつくれるものは、人間の精神も無限の深さからつくり得るものと思う。何がつくったか、僕にはわからない。自然以上のものの力が加わっていると言いたいくらいだ。しかし神を持って来ようとは思わない。

かくのごときもの　이와 같은 것

37

日本の庶民は明治まで姓がないのが普通だった。べつにそれほどかわったことではなく、ツングースやモンゴルなど、アジア遊牧民は、名だけあって姓がないのが普通である。ビルマでは現在もない。姓がなければ同姓不婚もないのは当然だが、日本の有力氏族は、氏姓があるのに、同姓間でいくらも通婚していた。平安期には、藤原氏は藤原氏同士の間で通婚するケースが多かった。

わかったことではない　특별한 것은 아니다 / ビルマ　미얀마

38

私は下町の細いこみちを歩くのが好きだ。戦争で焼けなかった木造の部屋が軒を並べ、どの家の玄関先にも所狭しと花や灌木が植えられている。決してぜいたくな花たちではない。朽ちかけた家の片隅でつつましい笑顔をのぞかせているコスモス、夏の盛りも秋のおとずれもかまわずに咲く元気いっぱいのサルビア、ヤマハギのむらさき、ウメモドキの赤い実などに出会うと、うれしくて歩をとめて見入ってしまう。それらの花々がプラスチックのバケツや穴のあいたアルミ鍋に植えられているのがほほえましい。ほこらしげに咲いている花はない。道行く人たちにひそかな笑顔をおくっているだけだ。

朽(く)ちる 썩다 / 片隅(かたすみ) 한쪽 구석 / 笑顔(えがお) 웃음 띈 얼굴 / 鍋(なべ) 냄비

39

人間はどういう相手を恋するか。まず第一にまちがいのないのは美しい人を恋するということだ。どういう人を美しく思うか、それは他のところにゆずりたい。しかしわれらの目をつくったものは先天的にわれらの美醜を区別させる。そして美を感じさせる。甲の見た美が必ずしも乙の見た美と同一というわけにはゆかない。しかしだいたい一致している。そして美しいものにたいして愛着をもつのは自然の意志だ。美を感じる能力を人間に与えたものは自然だからである。しかしその自然が目を持っていないのも、不思議の一つである。

美醜(びしゅう)아름답고 추함 / ~わけにはゆかない ~라고는 할 수 없다

40

成績の方は中位い、勉強については特に記憶はないのですが、通学のたのしみの第一は、お昼のお弁当を先生も教室で一緒にして、食後の時間、部厚いアンデルセンの童話の本を開いて読んで下さることでした。一篇全部を読み切らず、胸がどきどきするところで、次はまた明日と、明日のたのしみが残されました。先生は男性、二十五歳ぐらいだったでしょうか。

お弁当(べんとう) 도시락 / 部厚(ぶあつ)い 두툼한, 두터운 / 読み切(き)らず 완전히 다 읽지 못하고

41

途中で倒れるもの、若くって死ぬもの、自然はそういうことを予算に入れているらしい。自然に僕がもし不服を言うとすれば、自然はあまりに人間を生かすことを考えて、死んでゆくものに同情が少ない点である。これは人間にかぎらない。あらゆる動物は生きることをしいられていながら、必ず死ぬものであり、死ぬときの苦しみ、恐怖に対して自然はあまり同情を払っていないらしい。

しいられる 강요당하다 / 同情を払(はら)う 동정을 기울이다, 나타내다

42

夜空には、たくさんの星が輝いている。この星を近いものどうし集めて、昔の人は星座というものを作った。それは、いくつかの星がひとかたまりに集まって、熊に見えたり、さそりに見えたりしたからである。そして、それぞれの星座には名前がつけられた。北斗七星も、大熊座という星座である。このように、私たちは、星にかぎらず見えている世界の中にある近いものどうしを、ひとかたまりにして見ようとする頭の働きがある。見えている世界をなるべく見やすいように、いくつかの部分をまとめて見るように、自然にそうなってしまうのである。

輝(かがや)く 빛나다 / ひとかたまり 한 덩어리 / 働き 작용, 능력, 재능/ 大熊座(おおぐまざ) 큰 곰자리

43

アメリカの大学では、在学中ひじょうにたくさんの本を学生に読ませるとのことである。日本ではおよそ想像もできないほど学生に本を読ませるそうである。したがって、学生は読書力、読書法を心得ていないとついてゆけないことになる。そこで、大学のなかや民間でも、リーディング・クリニック(読書診療所)をつくって速読の能力をつけるための施設ができているというから、でんとうを誇る文字のくに、読書を愛する日本にはショックな話でもある。

心得(こころえ)る　납득하다, 터득하다　/　誇(ほこ)る　자랑하다, 뽐내다

44

母が病気で死ぬ二、三日前、台所で宙返りをして、へっついの角であばら骨を打って大いに痛かった。母がたいそう怒って、おまえのようなものの顔は見たくないと言うから、親類へとまりに行っていた。すると、とうとう死んだという知らせがきた。そう早く死ぬとは思わなかった。そんな大病なら、もう少しおとなしくすればよかったと思って帰ってきた。そうしたら例の兄が、おれを親不孝だ、おれのために、おっかさんが早く死んだんだと言った。くやしかったから、兄の横っつらを張って、たいへんしかられた。

宙返(ちゅうがえ)りをする 공중제비하다 / へっついの角(かど) 부뚜막 모서리 / あばら骨を打つ 갈빗대를 부딪치다 / 横っつらを張る 따귀를 때리다

45

田舎の自然はたしかに美しい。空の色でも木の葉の色でも、都会で見るのとはまるでちがっている。そういう美しさも慣れると美しさを感じなくなるだろうという人もあるが、そうとは限らない。自然の美の奥行きはそう見すかされやすいものではない。長く見ていればいるほどいくらでも新しい美しさを発見することができるはずのものである。できなければそれは目が弱いからであろう。一年や二年で見飽きるようなものであったら、自然に関する芸術や科学は数千年前に完結してしまっているはずである。

田舎(いなか) 시골 / 奥行(おくゆ)き 깊이 / 見すかす 들여다보다, 꿰뚫어보다

46

親が気づいているかどうかは知らないが、子どもというものは、親子関係をスムースに保つため、親に気に入られるため、かなり気を使い、気をまわし、不満や疑いを押し殺しているものであって、とても素直になってはいられない。もちろん、親が悲しむようなこと、怒るようなことも言ったり、したりするが、ひねくれて反抗的になって、わざとそうする場合は別として、たいていそれは親の気持をそこまで推し量れなかったからである。そして、ひねくれて反抗的になるのも、親に気に入られようとする努力が挫折してやけになったからである。

気をまわす 억측하다, 곡해하다 / 気を使う 조심하다, 주의하다 / やけになる 자포자기하다

47

現代の日本は、ますますもって、親が子供の世話を焼きすぎる世界になっています。教育ママという、まことに端倪すべからざる存在が、日本全土に満ち満ちているのです。お母さんたちは、子供の世話にかかりきりになって、彼女たちの集まりでは、うんざりするほど子供の話ばかりです。よしてくれ、と言いたくなります。旦那さまなども、ほったらかしにされまして、大そう気の毒なものです。こんなふうに観察してみますと、日本では「孝」はかけ声こそ大きいが、じつは「慈」のほうがはるかに支配的です。

~もって 강조 / 世話(せわ)を焼く 보살펴주다 / 端倪(たんげい)すべからざる 예측(추측)할 수 없는 / 子供の世話にかかりきりになる 어린이 보살핌에만 매달리게 되다 / 旦那(だんな)さま 남의 남편

48

外国に留学している男子学生がもてるそうだ。かつて、日本の男子はその反対であったはずだ。最近の日本の男子留学生は世界の一流ブランドを着こなして身だしなみを整え、センスも抜群である。体格も外国人にそれほど見劣りがしなくなった。さらに、BMWなどを乗り回し、お金をたくさんもっているという。頭脳のほうはいざしらず、外見的には目立つ。円高時代を反映してのことだが、複雑な思いがよぎる。

一流ブランドを着こなす 일류브랜드를 맵시있게 입다 / 見劣りがしない 못지않다, 빠지지 않다 / いざ知らず 어떤지 모르지만, 잘 모르지만

49

私は夜おそく、時には夜明け近くなって、その日の日記をつづる。仕事に疲れて、せっかくのことがうまく書けそうもない時には翌朝の、仕事にかかる前のひとときをそれにあてることもあるけれど、白い頁に向かった時には不思議な興奮を覚える。どんなに日記を書くことに習慣ができてしまっても、このおののきはいつも新鮮である。私はある意味では自分を法廷につれ出す気分さえするし、苦しみを持っている時には、それを思う存分に訴えることのできる医者の前に出るような思いがする。

頁(ページ) 페이지 / 気分さえする 기분 조차 든다 / 思う存分(ぞんぶん)に 마음껏 / 思いがする 생각이 든다, 느낌이 든다

50

「このような国の中では、僕は二度と再びペンを握らない」と断言し、以来、亡くなるまで、彼は本当に一度も書かずに通した。経済的なことは全て妻に任せ、自分は一人娘であるメイコの教育にかかりきった。学校にも行かせず、家庭教育一本で娘を教育し、独自の理論と夢と情熱で娘を作り上げて行ったのである。書くことをやめたために体の中に溜ってしまったエネルギーを、娘の教育に託して燃焼させたのかもしれない。孫である私にとっては、祖父は一風変わった実に奇妙な人であった。

一人娘(ひとりむすめ) 외동딸 / 一風(いっぷう)変わった人 어딘가 색다른 데가 있는 사람

51

酒はやめたけれども、何もする気にはなれません。しかたがないから書物を読みます。しかし読めば読んだなりでうちやっておきます。私は妻からなんのために勉強するのかという質問をたびたび受けました。私はただ苦笑していました。しかし腹の底では、世の中で自分が最も信愛しているたったひとりの人間すら、自分を理解していないのかと思うと、悲しかったのです。理解させる手段があるのに、理解させる勇気が出せないのだと思うとますます悲しかったのです。私は寂寞でした。どこからも切り離されて世の中にたったひとり住んでいるような気のしたこともよくありました。

読んだなりで 읽은 채로 / うちやる 내팽개치다

52

異性との出会いを少なくしている原因のひとつには、男性の仕事優先も挙げられよう。適齢期の二十代の後半から三十代にかけては、企業戦力のまっただなかにあるために、時間外労働や休日出勤も多く、日常生活はそれで精一杯というわけだ。出会いがあっても、それを結婚まで進めていくためには、楽しくもまた、苦痛な経過を経なければならないだろう。電話をかけると約束しても、仕事の都合で電話ができないこともある。言い訳をしたり、あやまったり、なだめたりするのは多忙な男性にとって煩わしい。面倒であり、手間暇のかかることだ。忙しいときにはデートの約束など忘れてしまうこともあるだろう。

~にかけて ~걸쳐서 / まっただなか 한가운데, 한창 ~할 때 / 精一杯(せいいっぱい) 최대한으로, 고작 / ~にとって ~에게 있어서 / 面倒(めんどう) 귀찮음, 성가심

53

年をとって筆力がおとろえるというような現象も、一面から考えると、自分の心の中の読者が気むずかしくなりすぎて彼を喜ばすことがひどく困難になるせいではないでしょうか。画家には八十から九十になっても進境を示す人がいるのに、文学者は六十すぎればまず発達がとまってしまうのはどういうわけかというようなことをこのごろときどき考えます。

年をとる 나이들다 / 気むずかしい 까다롭다 / 進境(しんきょう) 진보한경지 / どういうわけか 무슨 이유 때문인지?

54

まず若い小説家として認められ、ついでエッセイを書くようになった私への批判は、しばしば私の書く小説とエッセイの間の距離を指摘するものでした。小説家としてはいくらかなりの才能があっても、エッセイストとしては凡庸であり、かつ社会的に有害ですらある、というのが左右からの二つの批判の一致するところでありました。しかもそれらの批判は私の痛いところをついていて、それのみならず私は早くも作家生活の行きづまりを自覚してもいたのです。

凡庸(ぼんよう) 평범 / それのみならず 그뿐만이 아니라 / 行きづまり 막다름, 막다른 곳

55

二親が死んでから、私は祖父と二人きりで十年近く田舎の家に暮していた。祖父は盲目であった。祖父は何年も同じ部屋の同じ場所に長火鉢を前にして、東を向いて坐っていた。そして時々首を振り動かしては、南を向いた。顔を北に向けることは決してなかった。ある時祖父のその癖に気がついてから、首を一方にだけ動かしていることが、ひどく私は気になった。たびたび長い間祖父の前に坐って、一度北を向くことはなかろうかと、じっとその顔を見ていた。

二親(ふたおや) 양친 / 二人きりで 둘이서만 / 火鉢(ひばち) 화로 / 気になる 신경이 쓰이다, 걱정이 되다

56

温暖多雨で、山が多いという自然環境を持った日本列島は、山岳地帯を中心に、三分の二が森林でおおわれている。その森林資源は、約二十億立方メートルといわれ、「山林」ということばが示すように、平地に少なく、山をおおっているという特徴を持っている。このような森林に対して、国民は、だいたい三つの方向から関心を寄せている。一つは、木材の供給源として、一つは、国土の荒廃を防止し、必要な水を確保するための、自然水の調節源として、一つは、国民の休養の場としてである。

~でおおわれている ~로 뒤덮혀 있다

57

自分は生まれて五十三年と何か月になる、その間自分は人間として生きて来た。自分は人間以外の世界をまるで知らない。自分の生きている間は永遠にくらべれば一瞬にすぎない。しかし生きている自分にとっては、永遠の昔から生き、永遠の未来まで生きているような気もしている。人間以外の世間は見ることも、感じることも、信じることもできないのだ。自分は人間として生まれたことを不幸とは思っていない。しかし人間は完全なものでなく、いつも健康なものでもなく、また幸福を約束されているものでもない。だから僕は人間に生まれたものには一面同情しないわけにはゆかない。よく生まれて来たと祝いたいと同時に、幸福であれと祈りたい。

~にとっては ~에게 있어서는 / 気もする 기분(느낌)도 든다

58

私は朝食と昼食をかねたかるい食事をすますと、庭で木刀を十分ほどふり、それから財布をもって散策にでる。まず行くのは、ゆっくり歩いて十分ほどかかる腰越海岸である。漁業組合の建物のうしろには、防波堤で囲まれた小さな港があり、浜には廃船がならんでいる。時化の日などは、浜は、海をひきあげてきた漁船でいっぱいである。港には生簀がいくつか浮かんでおり、防波堤では、たいがい、十数人の男達が釣糸をたれている。私は彼等の獲物をのぞいて歩く。そして、ときどき立ちどまっては、港の向こうの江ノ島を眺め、ヨットハーバーから白いヨットが海にでるのを眺める。

木刀(ぼくとう) 목검 / 財布(さいふ) 지갑 / 腰越海岸(こしごえかいがん) 해안 名 / 時化(しけ)の日 바다가 거친 날 / 生簀(いけす) 활어조 /獲物(えもの) 획득물

59

おやじはちっとも俺をかわいがってくれなかった。母は兄ばかりひいきにしていた。この兄はいやに色が白くって、芝居のまねをして女形になるのが好きだった。俺を見る度に、こいつはどうせろくな者にはならない、とおやじが言った。乱暴で乱暴で行く先が案じられる、と母が言った。なるほどろくな者にはならない。ごらんのとおりのしまつである。行く先が案じられたのも無理ではない。ただ懲役に行かないで生きているばかりである。

いやに 유난히 / 女形(おんながた) 여자 역할을 하는 남자배우 / ~度(たび)に~ 때마다

60

　民謡はその土地土地のうただから、真の民謡の節というものは、その土地が生んだメロディであるわけです。だからほんとうの民謡はその土地の方言のアクセントが含まれているのだと思う。そしてこの民謡というのは長い間にできてきたもので、たとえば清元のおっ師匠さんがつくったとか、作曲家がつくったというのでは、ほんとの民謡はつくれないでしょう。もし、作曲家がつくったのだったら、一度、その節は民衆によって崩されているはずだ。長い間、二代も三代も、数代もかかって、一度崩されて、なおかつあとに残る節——それが民謡というものじゃないかと思う。

節(ふし) 음악의 선율, 가락 / 崩(くず)される 무너지다 / 清元(きよもと) 샤미생, 음악의 일종 / おっ師匠(ししょう)さん 선생, 스승

61

これは好きだ、あれは嫌いだということをわれわれはよく口にする。人物についても、食べものや衣服の選択にあたっても、野球や相撲の応援に際しても、好き・嫌いの問題はからまってくる。大人の日常生活の中にはいやでもやらなくてはならないこと、嫌いでもつき合わなくてはならない人もあるが、子供の生活はほとんど好きか嫌いかによって左右されている。好き・嫌いを自由に表現することも子供には大幅に許されているが、大人では心の中で嫌いだと思っても、それを表情に出してはならないこともある。相手に対して、「あなたは好きです」という好意的表現はしやすいが、「あなたは嫌いです」ということはなかなか口に出しにくい。それだけ嫌いな人と相対しているときは非常に気が重くなる。

口にする 말을 하다 / 相撲(すもう) 씨름 / 大幅(おおはば)に 대폭적으로/ 口に出す 말을 하다 / それだけ 그만큼 / 気が重い 마음이 무겁다, 우울하다

62

　自分の意見をまとめあげるには、その過程で、いろいろ他人の意見を聞く必要のあることはいうまでもない。今朝のラジオであの人が言っていたあの意見、昨夜読んだ雑誌にこの人が書いたこの考え方、それを聞きこれを読むことはいずれも大切である。自主的にものを考えるということは、他人の意見をけっして寄せつけないということではない。そうではなくて、他人の意見を積極的に聞くことはむしろ大切なのだ。広く他人の意見を聞いて参考にすることは大切も大切、それなくしてはほんとうの意味での自主的な意見を持つことはできないと言ってもよいほど大切なのだ。

大切(たいせつ)だ 중요하다 / 寄(よ)せつけない 얼씬 못하게 하다 / 昨夜(さくや) 어젯밤

63

年少にして詩を書くほど、およそ無意味なことはない。詩はいつまでも根気よく待たねばならぬのだ。人は一生かかって、しかもできれば七十年あるいは八十年かかって、まず蜂のように蜜と意味を集めねばならぬ。そうしてやっと最後に、おそらくわずか十行の立派な詩が書けるだろう。詩は人の考えるように感情ではない。詩がもし感情だったら、年少にしてすでにあり余るほど持っていなければならぬ。

根気(こんき) 끈기 / 蜂(はち) 벌 / 有り余る 남아돌다 / 蜜(みつ) 꿀

64

心の純美、それが人間の値打ちを決める標準の第一に置かれるべきもののように思われる。心の汚れているものを、われらは敬愛する気にはなれない。利用することはできるが、愛することはできない。あいつ役にたつ人間だとは言えるが、同時に信用のできない人間だと思わないわけにはゆかない。心の純美な者がいるので、僕たちは人間を愛することができ、人生を美しいと見ることができるのである。

値打(ねう)ち 가치, 값어치 / 役に立つ 도움이 되다 / ~わけにはゆかない ~하지 않을 수 없다

65

人間の目は美を好めば、健康に必要な着物以上に、人間の極度の好みに応じた着物をつくり、着るためより見せるための着物を考え出す。それを美しい人が着るならまだわかるが、その着物とおよそふつりあいな婆さんたちも着るということになる。また男も、自分が着たって誰も顧みないような格好のくせして、金持ちだということを証明して、金で動く人々に感心してもらおうとしたりする。僕は人間の着物の色彩の美しいことを好むのだが、しかし金をかけることが自慢になるのはばかげている以上、みっともないと思う。しかしそういう点でも人間はきりがないのだ。

美を好めば 미를 좋아하니까 / 自分が着たって 자신이 입을지라도 /金をかける 돈을 들이다

66

私は、はからずも生還した。作戦の変更という、不測の事態が起こった。私の肉は、たまたま生きてかえった。しかし、心はたしかに死んでいた。自分を全く見失った心は、もはや心ではない。体験は、だが結局それだけのものでしかない。一つの体験が真に血肉となるには、さらにそれが他の体験によって超えられることを要する。終戦が来て、平和が訪れ、身辺が平静にかえるに従い、私は自分に欠けていたものを、漠然と感じはじめた。

はからずも 뜻밖에도, 우연히 / 真(まこと)に 정말로, 진실로

67

父はほとんど小言をいわなかった。私達は、父の怒声をほとんどきかなかった。殴ることは絶対になかった。しかし、私達は、父の言うことにはただ「ハイ」と答えるほか知らなかった。父は祖父母たちに絶対服従だった。父は、いつも温顔に微笑みも湛え、おだやかなもの言いだった。しかし、ある時、「昨日お父さんは、そっと泣いておられた。お祖父さんがあんまり無理を言われるので……、」と、母が自分も泣きながら私に言った。小学生の私は、思いがけぬことを言う母に驚きの目を向けたが、おだやかな水面下に何かうねるものを感じさせられ、胸を圧される思いだった。父の言うことは何でもきこう、お祖父さんの肩なんか叩いてやらない、と思った。

小言(こごと)を言う 잔소리하다 / 温顔(おんがん) 온화한 얼굴 / もの言い 말투, 말씨 / お祖父(じい)さん 할아버지 / 思いがけぬ 생각지도 않은, 뜻밖의

68

この三年間は四畳半に蟄居して、小言はただの一度も聞いたことがない。けんかもせずにすんだ。おれの生涯のうちでは比較的のんきな時節であった。しかし、こうなると四畳半も引き払わなければならん。生まれてから東京以外に踏み出したのは、同級生といっしょに鎌倉へ遠足したときばかりである。今度は鎌倉どころではない。たいへんな遠くへいかねばならぬ。地図で見ると、海浜で針の先ほど小さく見える。

四畳半(よじょうはん) 다다미 넉장반으로 되어있는 방 / 小言(こごと) 잔소리 / 引き払わなければならん=引き払わなければならない / 鎌倉どころではない 카마쿠라 정도가 아니다

69

ところで、私自身はどうかというと、納得できないことはそのままにできない性格で、口を出しては陰口を言われ、友だちの中で孤立しかけていたのです。そんなとき、ある先輩はこう言いました。あなたみたいに言いたいことを言っちゃう性格は損ね。結局は自分が嫌な思いをするんだから。みんなのようにもっと利口に生きなくちゃ。そのことばに私はとてもショックを受けましたが、先輩の生き方がよいとは思えませんでした。そして、孤独から逃れたいために、いつのまにか、本当の自分をおし殺して人あたりよく生きていこうと考えたりしていました。

口を出す 말 참견하다 / 陰口(かげぐち)を言われる 험담을 듣다 / ～かける～시작하다 / 思いをする 기분이 들다, 느낌이 들다 / 人あたりがよい 대인관계가 좋다

70

日本人は好奇心の強い国民である。そのために、日本の近代化は速度が早かった。しかし、早かったためにかえってうわっつらの近代化でしかなかった、といわれている。わたしたち日本の社会および日本人は、表層は近代ないし超近代である。しかし、その表層をひと皮むけば封建時代の人間関係や考え方がむき出しになるし、さらにより深いところには、古代および原始の社会構造や性格が生きて動いている。

かえって 오히려 / うわっつら 표면, 겉 / むき出しになる 드러나게 되다

71

親の愛がいかに深いものかということは、子供が病をすればわかる。子供が死ねばなおわかる。自然は親に子供をどこまでも育てることを命じてかぎりない愛を親に与えた。だから子供に死なれては親は参るようにできているのだ。しかしそれは子供を生かせるだけ生かすためで、死んでしまったものに未練を残させるためではないのだ。しかし結果としては同じことになり、可哀そうなのは親ということになるのだ。

病(やまい)をする 아프다, 병에 걸리다 / 子どもに死なれては 어린이가 죽으면 / 参る(まいる) 맥을 못추다

72

私がただ美しい言葉を並べてみせた、という批判をうけぬようにするためには、実際にこのねがいの実現に向けて動かねばなりません。そして、人類の全体の癒しと和解を具体的に構想するということより、さらに難しい課題とすら考えられるものとして、歴史と現在の重荷を担っている日本人にはとくに、韓国と朝鮮民主主義人民共和國と日本の和解、そして東アジアの民衆みなの癒しを実現することがあるように思われます。しかし、これを希望することなしには、いかなる未来の構想も始まらないのであります。

癒(いや)し 치료 /　いかなる 어떠한, 어떤

73

早く話したい事があり電話をしても、残業であったり飲みに出かけていたりして、日を改めれば事務的な報告になりやすく、まして日々の小さな出来事などは、ほとんど話し合うことなく日々が過ぎてしまいました。私も仕事を持ち、体が疲れてくるといつもなら聞き流せることもできなくなり、子供たちにあたったりもしました。それでも、やさしい気遣いをされると、頑張るしかないんだなと自分に言いきかせもしました。夫は週末にはほとんど帰って来てくれました。

まして 하물며 / ~にあたる ~에게 심하게 대하다 / 気遣(きづか)い 걱정, 염려

74

私は人間の、そしてある種の動物の「望み(願い・欲求等)」のエネルギーは肉体を離れても何らかの形で残ることがあるのではないかと思っている。生きていた時の個性、つまり、誰の親であり、何処に住んだか等々がそのまま常に残るというわけではないが、不完全な形で残るのだろうと考えざるを得ない。ある死者の生前の記憶が遠く離れた、それまでまったく関係のなかった人物に突然生まれてくる、といった例がしばしば報告されている。新しく記憶を得た人物は、かの死者の生前の家に行って家族の者にしかわからないさまざまなことを話すといった具合だ。この種の話の真偽を確かめることは今の私にはできない。おそらく何人もできないであろう。

～というわけではない ～라고는 할 수 없다 / ～ざるを得ない ～하지 않을 수 없다 / ～といった具合(ぐあい)だ ～라고 할 정도다 / 何人(なんぴと) 어떤 사람, 누구

75

死んでしまった者にたいして、生きた人間が、その功を感謝するのは当然なことであり、また自然なことである。死んだものはどうせそれを知ることはできないが、しかし死んだのち人々が自分に冷淡でないことを考えることは気持の悪いものではない。死についてはあとで書きたい。話が少しそれたが、人生において愛することは、人生にうるおいのあることで、生きることを美しくし、あたたかにする。愛する能力が人間に与えられ、この世に愛する値打ちのあるものが多くあるということは喜びである。

それる 빗나가다 / 値打(ねう)ち 가치

76

十五分か三十分の番組が終わると、咄嗟にとんでもないコマーシャルが聞こえてきたり、何の関係もない音楽になったり、さては白菜、トマトの百グラム当たりの今日の値段になったり、美容体操になったりする。見るともなく、聞くともなくそれらを見、聞きしているうちに、さきに疑問に思い、考えてみたいと思ったことも、どこかに消えて、あとかたもなくなってしまう。

番組(ばんぐみ) 프로그램 / 咄嗟(とっさ)に 돌연 / 白菜(はくさい) 배추 / 値段(ねだん) 가격

77

私は文学生活のまだ初期のうちに、それは広島の被爆者たちの悲惨と人間的な威厳について具体的に目を開かれた時と重なっているのですが、知的な障害を背負っている子どもを迎えることになりました。幼時は鳥の声のみを認め、三十年たったいまも音楽をつうじてよりほかは人間とよくコミュニケートしうるとはいえぬ息子と共に生きることで、私は自分の内なるオスカルに、より長く生き延びることをさせえたとも思います。

背負(せお)う 짊어지다 / 幼児(ようじ) 유년시대

78

外国人たちは、日本人と親しくなるのは、とてもむずかしいとこぼす。ある程度までこれは事実である。たとえば、もしだれかが、ある時、日本人とある程度まで親しくなったとしても、次に会った時の相互の関係は、二、三歩後退しているのに気付く。これはたぶん、日本人が仕事上の生活と社交生活とを、別なものとして区別して考えているせいだと思う。それらの二つの生活は、二本の平行線のようなもので、決して交わることがない。一方、外国人にとっては、社交的な出来事と、仕事上のそれとは同じ路上の一歩一歩なのである。そうした態度の相違が、誤解を招いたり、また、外国人にとって日本人を親しみにくい存在にしたりしているのであろう。

気付(きづ)く 눈치채다, 알아차리다 / 交(まじ)わる 교차하다 / 招(まね)く 초대하다

79

私は出撃の命をうけてから、自分を見失ってしまった。死の時ほど、自分を赤裸々にみつめられる時はないはずだが、このときほど、自分を喪失したことはない。掌中にある己れの死を正視するに堪えず、自分全体を見失ってしまおうと焦っていた。何ものをも、見ないことによって、不安をまぎらわそうとしていた。自分と直面することが、何よりも怖ろしかった。そして私の感情は、自分だけは必ず生還すると、はかない盲信にすがっていた。

赤裸々(せきらら)に 적나라하게 / 掌中(しょうちゅう) 손바닥 안 / 正視するに堪えず 정시하지 못하고

80

汽船が下田の海を出て伊豆半島の南端がうしろに消えて行くまで、私は欄干に凭れて沖の大島を一心に眺めていた。踊子に別れたのは遠い昔であるような気持ちだった。婆さんはどうしたかと船室を覗いてみると、もう人々が車座に取り囲んで、いろいろと慰めているらしかった。私は安心して、その隣の船室にはいった。相模灘は波が高かった。坐っていると、時々左右に倒れた。船員が小さい金だらいを配って廻った。私はカバンを枕にして横たわった。頭が空っぽで時間というものを感じなかった。私の横に少年が寝ていた。河津の工場主の息子で入学準備に東京へ行くのだったから、一高の制帽をかぶっている私に好意を感じたらしかった。

下田(しもだ) 地名 / 伊豆半島(いずはんとう) 이즈반도 / 覗(のぞ)く 들여다보다 / 車座(くるまざ) 둥글게 앉음 / 相模灘(さがみなだ) 사가미탄 / 頬(ほお) 볼, 뺨 / 裏返(うらがえ)しにする 뒤집다

81

下町情緒を味わうならば浅草である。仲見世にはさまざまな店が軒をつらねている。参拝者や観光客たちへのみやげものを売る店で、どちらかといえば和装小物が多い。このあたりにはまだ、江戸時代の古い伝統を伝えている職人たちが残っており、彼らの手になる日本情緒豊かな小物たちが「まだ、ここに江戸は息づいていますよ」と訴えかけるように並んでいる。小さな財布、櫛、かんざしなどの赤や緑の華やかな色づかいが美しい。

浅草(あさくさ) 地名 / 仲見世(なかみせ) 절의 경내에 있는 상점가 / 和装小物(わそうこもの) 일본식으로 장식한 작은 물건 / 財布(さいふ) 지갑

82

日本は欧米の先進国がインフレや失業問題に悩んでいるのにひきかえ、順調な足どりで経済成長を遂げてきた。ここにきてようやく、日本人は世界的視野に立って、産業社会の変化への対応、人間としての生き方、労働に対する考え方などを自問するようになった。その萌芽は日本が成熟社会に入ったといわれる一九七〇年代からすでにあった。しかし、日本型産業構造にまでメスが入り、積極的に企業改革に取りくみはじめてから、まだ日は浅い。

~に ひきかえ ~와는 반대로 / 萌芽(ほうが) 싹이 틈

83

小学生だったとき、私は作文が好きなほうだったが、あまり上手ではなかった。自分の書いた文章に自信がもてなかった。それはひとつには、日本語の規範が曖昧で、少なくとも一筋縄では捉えられぬものだと、子供心にも直観的に感じられたからである。実際、句読点のつけかたひとつにしても、人によってまちまちで、どうつけるのが本当に正しいのか、いつも迷っていた記憶がある。句読点は、各個人に固有のリズムや読みくだしかたによって異るものであり、異なっていて構わないのだと悟るようになったのは、英語というものを知って、基本的な文構造が客観的に分り、この客観的な理解から、主語の省略や主述転倒などが自由自在に行われている日本語の文章を半無意識的に書いていたそれまでの態度が完全に意識化され、普遍的な文構造の基本を踏まえた上で敢えて日本語特有な一種曖昧で無礙な文章をいくらか書けるようになってからのことだった。

一筋縄(ひとすじなわ)では 보통 수단으로는 / 読みくだしかた 읽어 내려가는 방법 / 無礙(むげ)な 막힘이 없는

84

じぶんにむけての変節は、ときには、進歩であり、ときには美徳でさえある。少年の頃、僕がうつくしいとおもった心の対象は、頬のゆたかな、眠り人形のような少女だった。成人になったとき、そんな少女の俤はすっかり忘れて、健康でかがやき、生命のいぶきで匂い立つような成熟したおとめの姿を主軸に据えていた。そして、中年過ぎてからはすこし非運の翳りのある、人生の疲れがそこはかとなく滲んできた、それでいて、こころばえのやさしさを失っていない、盛りをすぎた女ばかりにこころをひかれるようになった。

頬(ほお) 볼 / 俤(おもかげ) 기억속의 모습 / ～を主軸(しゅじく)に据(す)える ～을 주축으로 삼다 / 翳(かげ)り 그늘 / 滲(にじ)む 번지다, 스미다

85

十一月六日は祖父の命日である。三年前のその日、祖父は敗血症で八十年の生涯を閉じたが、奇しくも亡くなったその日は、彼自身の誕生日でもあった。祖父、中村正常は戦前の一時代、ナンセンス文学と呼ばれた新興文学の担い手として活躍した作家であった。やがて軍国主義の波が日本中を覆い、文壇までもがその統制下に置かれるようになった時、彼は自分の主義主張を曲げることに耐えきれず、とうとう筆を折ってしまった。

命日(めいにち) 기일 / 敗血症(はいけつしょう) 패혈증 / 奇(く)しくも 이상하게도 기묘하게도 / 中村正常(なかむらしょうつね) 人名 / 耐(た)えきれず 참지 못하고

86

　横浜といえば、「別れのブルース」である。こう言うと大体の年齢がわかってしまうけれど、家に淡谷のり子のレコードがあったのを憶えている。私はまだ子供だったが、「窓をあければ港が見える」なんて聞くと、どこか遠い外国の、言葉も通じない港町のような気がしていた。東京に生まれ、ずっと東京に住んでいる私にとって、横浜はごく近いはずなのに、やはり何となく遠い感じだった。

淡谷(あわや)のり子 人名 / 港町(みなとまち) 항구도시 / ~にとって ~에게 있어서

87

バレリー(フランスの詩人)は、博物館を論じた文章の中で、博物館は美の孤児院だという意味のことを言っている。すべての美術品は、元来、神殿や寺院や邸宅や茶室に結びついているもので、これらの建築こそ美術の母親なのである。そこからひき離されて博物館に陳列されている美術品というものは、だから孤児なのだ。保存のためにはやむをえないことだし、またこうして広く見られる機会が与えられるのだが、われわれはやはりその本来のあり方は知っていなければならない。愛情とはそういうものではあるまいか。茶碗を愛する人は、その茶碗を所有して、茶をたてて飲まなければ気がすまないだろう。同様に、仏像を愛する人は、それを信じるか信じないかというところまで自己を追いつめてみるのが自然ではあるまいか。

やむをえない 어쩔 수 없다, 부득이 하다 / 茶を立てる 차를 끓이다 / 気がすまない 마음이 놓이지 않는다 / 追いつめる 끝까지 추적하다, 궁지에 몰아넣다

88

何かを勉強したいから受験するのではなく、その学校の名前がほしくて、それが一流企業に通じるからと、偏差値のとりこになっている人もいる。一度、この受験産業のなかに身を置き、それに取り込まれると、偏差値だけが受験生の全人間性であるかのような錯覚に陥る。偏差値が絶対のものだという気持ちになるから不思議だ。塾や予備校にせきたてられて、数字をあげることにねじり鉢巻きになっているときには、受験生は一種の催眠術をかけられた状態になっている。

取り込まれる 빨려들다, 먹히다 / 塾(じゅく) 사설학원 / せきたてられる 재촉받다, 복아치다 / ねじり鉢巻(はちま)き 수건을 비틀어서 동여맨 머리띠

89

最近は私達女流プロの世界にもどんどん若い人が入ってきます。勝って初めて認められるつらく苦しい世界ですが、私は若い人達に若い時に負けることの意味を悟ることをすすめたいと思います。青春時代に負けることを知らなかった人は大人になった時、何の力もない人になるものだと思うからです。何故なら負け将棋は勝ち将棋よりも何培ものことを教えてくれるものです。人は若い時に学んでおいて、年をとってそれを理解するのです。青春時代は自分自身も決して完全ではありません。また青年は完全なものを愛したり求めたりしてはいけないと思います。完全なものには自分自身が手をほどこしたり創造したりする部分が殆んどないからです。

悟(さと)る 깨닫다 / 大人(おとな) 어른 / 年をとる 나이를 먹다

90

　子供を炉ばたの生活に親しませることは、別に家の人々の計画ではなかったのですが、こういうことがあったために、おのずからいつまでもなつかしいものになりました。コタツの世になるとかれらがまたコタツが好きになるのを、子供のくせにといってしかっていましたけれども、これもやっぱり囲炉裏の楽しみを、まだ覚えていたからでありました。ここでも年寄りは身があたたまって、自然ににこにことしいろいろな話をしてくれましたが、もう以前のような明るい大きなたき火はなく、若い元気な顔をした人たちは、もうその仲間にははいってきません。家が一つになっていきてゆくという姿は、炉がなくなってしまうと、もう外からは見られなくなりました。

炉(ろ)ばた 화롯가, 난롯가 / 囲炉裏(いろり) 방바닥을 네모로 파내어 만든 화로 / 年寄(としより) 노인

90

自分はこの世に生きることの楽でないこと、不安なこと、不幸がどこに待ちぶせしているかわからないことなぞで、子供がこの世に生まれたことが幸であるか不幸であるかを考えることがあり、なんだか生まれる機縁を与えたのが、気の毒なような気もしないことはないのだ。しかし翻って考えるのに、僕は両親を愛しているので、この世にうんでくれたことを感謝こそすれ、少しも不幸に思っていない。そして父母をかぎりなく愛している。死んでしまったら神聖なもののような気さえする。けっして不平などは持たない。自然はそう子供をつくっているのではないかと思う。

なんだか 왠지 /　機縁(きえん) 기회, 인연

92

私は、ひたすら、返事のきこえるのを、期待して、長い時間祈る。それは、たいてい一時間にも及ぶ。私の部屋には、バカでかい、時計の振子の音だけが響きわたる。四畳半の小部屋だから、音は右に左に、振れわたる。そして、神様は沈黙しているだけだ。時を刻む音が、神様を遠ざけているようで、ついに、時計の振子をとめてしまう。私の部屋の、子どもには不似合なボンボン大時計は、祖父の代のものだ。父が、祖父の亡くなった後、新型の時計を買い、それを茶の間にかけたくて、古道具屋に渡そうとした時、私が、もらいうけたものである。

祈(いの)る 기도하다 / 振子(ふりこ) 진자, 흔들이 / 小部屋(こべや) 작은방 / 不似合(ふにあい)な 어울리지 않는 / 大時計(おおどけい) 큰 시계

93

彼は大人しい心根のよい美少年である。しかし、自分から興味をもって何かを深く勉強するということがないようにみえる。彼にとっては物心ついてからずっと、親の要求を叶えるだけで手いっぱいだった。失敗もしたが、多くの場合、彼は親たちの希望を叶えようと、黙々とやって来た。その結果、彼は、将来の計画も何もたてなくなった。親の言う通りにすることが一家の幸福のもとだし、彼にとって、もっともよい人生も親が決めてくれるだろう、と言いたげに見える。

心根(こころね) 마음씨, 심성 / 物心(ものごころ)つく 철이 들다 / 言いたげに 말하고 싶은 듯이

94

日本では継父母や養父母はできる限りそのことを子どもに匿して育てる。自分が生んだ子と同様に思って分けへだてなく育てるのだから——真実を教えると子どもの心が傷ついて可哀そうだから——そうする。アメリカでは、継親も養親も、子どもが物心がついたら直ちに事実を明らかにする。自分の出身について知ることは当人の基本的人権だから——そうする。知ることがお前の権利だから、それを尊重する。どう受けとめるかはお前個人の問題だ、というのが基本的な姿勢である。

継父母(けいふぼ) 계부와 계모 / 匿(かく)す 숨기다, 감추다 / 継親(ままおや)계부 또는 계모 / 直(ただ)ちに 즉시

95

私はあるところで、中国人のことを「カタログ製作マニア」と形容したことがあります。どんなものでも眼についたものは、ぜんぶ集めてくる。いつか、誰かの役に立つかもしれない、と思ってそんなことをするのでしょうが、集めるばかりでは厖大な量になって、とっつきにくくなります。そこで、きちんと分類して、利用しやすいようにする必要があるわけで、そのために目録を作るわけです。中国ではちょっとした蔵書家なら、かならず自家の書目をつくります。大金持ちになりますと、書物を集めるだけではなく、版木を彫って刊行することもあります。稀覯本といって、めったに見られない本は、そのうちに亡失するかもしれない。ですから刊行して数をふやしておこうという考え方です。

眼(め)につく 눈에 띄다 / 役に立つ 도움이 되다 / とっつく(とりつく) 착수하다, 달라붙다 / 大金持(おおがねも)ち 갑부 / 稀覯本(きこうぼん) 보기 드문 서적

96

世の中にはいろいろと生きる態度がある。その中で何が正しいか、あれこれとさがす前に、自分の持って生まれた性格や気質をしっかりと知らなくてはならないと思う。幼い時から、お前は気短で、すぐに腹を立てると言われている人が、なるほどそうかも知れないと思って、自分は怒りっぽい人間だということを看板にして生きていくことが性格を知ることではない。性格や気質というものは、自分にとってはいつも微妙なもので、やわらかく動き、時にはどこからそんな力が出て来るのかと思うようにその性格が強く盛り上がって来る。そういう気質の変化の、細かな動謡を正確に知りつくすことは生やさしいことではない。そのためには努力をし続け、たえず自分を見守っている根気がなければならない。日々に新しくなるとは、自分に気がつくことである。その自分を明日のために、よりよい状態へ置こうとするのは、生きているものの美しい行為だと思う。

あれこれと 이것저것, 여러 가지로 / 気短(きみじか)だ 성급하다, 성미가 급하다 / 腹を立てる 화를 내다 / 怒りっぽい 화를 잘 내는 / 知りつくす 다 알아버리다 / 生(なま)やさしいことではない 손쉬운 일이 아니다 / 根気(こんき) 끈기 / 自分に気がつく 자신을 알아차리다

97

父は自分の手でわたしをなぐった。息子を斬らないですんだのでホッとして、殴りにかかるわけだった。私は父に息子が斬れるはずはないと思っていた。父は四十年近い年月を軍隊で過ごすうちに、いつのまにか軍人らしさといったような実体のないものを肉じゅばんのように首からすっぽりかぶっていたのだ。それは本人にも息ぐるしくないはずはないのに、虚勢を張って着とおしてしまったのだ。そして五十すぎてから軍人の看板を取りあげられてしまったので、今度は何でもないただの人間になろうと努力したが、それもうまく行かなかった。

息子(むすこ) 아들, 자식 / 殴(なぐ)り 구타 / 虚勢(きょせい)を張る 허세를 부리다

98

人間が断片化し、瞬間瞬間に生存する存在に化するということは、自分自身に対して責任を負わなくなるということである。また自分自身の一生、生涯というものをもたず、年毎に深まる年輪をもたないということである。夫婦、親子、師弟、友人の間柄が、そのときどきの都合による結びつきとなって、持続する愛情も尊敬もなくなるということである。これは人間にして人間らしくない生き方、非行人間だと私は思う。過去を負いながら未来を思い、現在において現在を超えたもの、即ち人生や自分の存在の意味を思い、その意味を認知することによろこびを感じ、また現在の自己に不満を感じるということが、人間を他の動物から区別している特質である。

年毎(としごと)に 해마다 / 親子(おやこ) 부모와 자식 / 間柄(あいだがら) 관계 / 都合(つごう) 사정, 형편 / 人間にして 인간으로서

99

十数年前から「教育ママ」という言葉が盛んに使われているが、この言葉は今でも健在である。いや、「教育ママ」の実態は、以前よりも一層教育に熱心になっているかもしれない。子供を一流大学、一流企業に入れるべく、日夜子供に勉強を強いる。自分の好きなテレビ番組を見るのも、趣味も、子供の勉強の邪魔になるのならあきらめ、ひたすら子供のために尽くす。そのような母親に年中、「もっと勉強しなさい」、「テレビは目に良くないからだめよ」、「塾の勉強が終わってないでしょう」、「遊ぶ時間があったら勉強しなさい」などと小言を言われ続けたら、子供の精神状態はおかしくなるだろう。

教育ママ 자녀 교육에 극성스러운 어머니 / 塾(じゅく)사설학원

100

日本にはパーティーや食事に招待されてごちそうになったら、次に会った時に初めにそれについて一言お礼を述べるという習慣がある。「先日はおいしい物をごちそうになり本当にありがとうございました」とか「この間はどうも…」とか言って会話をはじめる。一言言うことによって、共通の楽しい時間を過ごしたことをお互いに確認し、それを土台にしてもっと良い人間関係を築いていこうという意志を表明する意味がある。ところが、英語にこの習慣がないため、これについてクラスで勉強したことのある人でもこの習慣を忘れて無視してしまい、不快の念を日本人に与えてしまうことがよくある。その人が何も言わないせいで、この間時間をかけて料理を作りごちそうしたのに一言のお礼も言わない、何か一言先日のことについて言ってくれてもいいじゃないか、と日本人が思ってしまったら、それだけで二人の人間関係が悪くなってしまう恐れがある。

ごちそうになる 맛있는 요리를 대접받다 / 不快の念 불쾌한 기분(생각) / 一言のおれ 한마디의 감사말

101

ユダヤ教信者やキリスト教信者の神についての考え方で日本人の宗教を考えると日本人の宗教生活が理解しにくい、日本人が考えている神様はキリスト教やユダヤ教の神様よりずっと身近なものだ、ということが最近少しわかってきた。大伯父は毎朝仏壇で長い時間死んだ奥さんと話をする。彼の話では、奥さんは仏様になって天国で彼の家族の安全を見守っていてくれるそうだ。つまり、奥さんも神様の一人になるわけだ。又、近くの神社やお寺でお祭りがあると、人々は一緒に踊りを踊ったり酒を飲んだりするが、神様も一緒にお祭りを楽しむと言われている。西洋の宗教では神は絶対的なものでいつもこわい存在だが、日本の神様は人間味があってもっと人間の世界に近い存在のようだ。

ユダや教 유태교 / 踊りを踊る 춤추다 / 大伯父(おおおじ)큰 할아버지

102

両親がいがみ合っている家庭の子供の問題も大きいが、家庭が崩壊し、両親が離婚した家庭の問題は、それにもまして深刻である。日本の場合は欧米と異なり、片親しかいない家庭に対して世間の目が厳しい。子供が何か変なことをすると、「ああ、あの子は父親がいないから駄目なのだ」とか、「あの子供は母親の愛情を知らずに育ったから問題児なのだ」とか言われる。母子家庭、父子家庭はただでさえ大変なのに、そういう世間の目を気にしながら生きていかねばならない。片親で子供を育てねばならぬという親の精神的、肉体的苦悩がそのまま子供に反映し、屈折した心理状態を持った子供ができやすい。

いがみ合う서로 으르렁거리다 / 片親(かたおや) 한 쪽 부모

103

日本では、人の家を訪問する時手みやげを持って行くのが普通である、ということは少し日本語を勉強した外国人なら大抵誰でも知っていて、自分達も日本人の家を訪ねる時、デパートにでも寄って手みやげを用意して行く。そこまではいい。ところが、日本人がもらった手みやげをどうするか知らないと、少々厄介なことになる。手みやげをあげると、相手はそれに対してお礼を言い、その手みやげを自分の横か仏壇のそばにでも置いてしまう。アメリカだったらすぐ開けて中を見る場合が多いのに、全然開けて見ようとしない。私の手みやげに興味がないのだろうか、何か変なことをしてしまったのだろうか、などと余計なことを考えはじめてしまう。日本人はお客の目の前でもらった物を開けるのははしたないとでも考えるためか、普通はお客が帰ってから開けてみる。それを知っていれば余計な心配をする必要がない。

用意(ようい)する 준비하다 / 厄介(やっかい)な 귀찮은, 성가신

104

この地上で死んだ人々は、みんな苦悩のうちに死んでいる。歓喜のうちに死んだ人々は、非常に稀だ。無心の境地を覚って死んだ人々は、非常に稀だ。彼らは後に痕跡を残さない。自分の記憶を他人に負わせることがない。ただ宇宙へと消え去るのみだ。彼らにはマインドもなければ、記憶システムもない。そうしたものは、すでに瞑想の中で溶け去ってしまった。だからこそ、悟った人間はけっして生まれてこないのだ。ところが悟っていない人々は、死ぬたびにありとあらゆる苦悩のパターンを投げている。ちょうど富がさらなる富を呼ぶように、苦悩はさらなる苦悩を呼ぶ。もしあなたが苦悩していたら、何マイルも先から苦悩がやってくる――あなたこそがふさわしい乗り物だ。そしてこれは電波のように、まったく目に見えない現象だ。電波はまわりじゅうに飛んでいるが、あなたには聞こえない。でもそれを受信するための器具があったら、たちまちそれは姿を現す。ラジオをつける前から、それはまわりに飛びかっていた。

苦悩(くのう)のうちに 고뇌 속에서 / 稀(まれ)だ 드물다 / 飛びかう 어지러이 날다

105

日本は自由世界でGNPが第二位、貿易黒字も膨大になり、経済的にも政治的にも極めて重要な国家になりつつある。最近は国際関係が非常に複雑になり、国際的に通用する人材、いわゆる「国際人」の重要性が叫ばれている。「国際人」の素質を持つためには、自分の国のことをよく知る必要があるばかりではなく、外国の文化、社会、歴史、習慣などにも精通していなければならない。その可能性を充分に持っているのが「海外帰国子女」である。最近海外諸国で仕事に従事する日本人が増加するにつれて、海外帰国子女の数が大幅に増えている。彼等は、ますます国際化していく社会において、将来日本の繁栄の鍵になるべき貴重な存在である。ところが、彼等は海外生活を終え帰国すると、様々な深刻な問題に直面しなければならず、それが現在日本で大きな社会問題になっている。

増加するにつれて 증가함에 따라서

106

豊臣秀吉の時代になると、スペイン人も新たに来航するようになり、貿易量は以前よりも多くなった。秀吉もやはり信長同様貿易の必要性を認めていたので、ポルトガル人・スペイン人は自由に輸出入ができた。ところが、秀吉の時代までに、キリスト教は多くの日本人を信者にすることに成功し、その力は急速に強くなって行った。秀吉は、はじめキリスト教を黙認していたが、キリスト教の教えは封建制度の考え方に反する、西洋人が日本の大名をキリシタンにして国内で反乱を起こさせ国土を奪うかもしれない、などと考え、キリスト教を禁止してしまった。しかし、ほとんどのポルトガル人の宣教師は貿易と深い関係があり、キリスト教を完全に禁止すると貿易もできなくなるので、秀吉は徹底的にキリスト教を禁止することができなかった。秀吉の時代は、キリスト教はだめだが、貿易は良いという時代だったわけだ。

信長(のぶなが)同様 노부나가와 마찬가지로 / 大名(だいみょう) 넓은 영지를 가진 무사(영주)

107

アメリカではあまり見られないが、日本の会社には「転勤」という独特の制度がある。「転勤」は普通一方的に会社の命令でなさるので、サラリーマンにとっては避け得ないものである。この数年、東京、大阪などの大都市から福岡、広島、札幌など地方に転勤になる場合、「単身赴任」が急激に増える傾向にあるという。三十代の男性は十人に一人の割合だが、子供が多くなるにつれて、また自分の家を持つ人が多くなるにつれて単身赴任の割合も増え、四十代では十人に三人が、五十代以上では十人のうち五人も単身赴任するという。単身赴任が増えている最も大きな理由は、「子供の教育」のためである。教育水準が高い大都市に住んでいれば、子供は良い環境で勉強ができる。有名校に入り、良い塾で勉強できれば大学受験の時有利である。

割合(わりあい) 비율 / 多くなるにつれて 많아짐에 따라서

108

万次郎は、自分自身のアメリカでの経験からいって、日本の技術的水準が高くならない限り、この世界の複雑な競争において日本の発展はあり得ないと強く認識していたので、幕府の指導者や大名達に、開国して西洋の発達した文明・文化を輸入する必要性を説明せずにはいられなかった。彼の主張を無意味なことと見なした人もいたが、日本の将来にとって何と貴重な話だろうと感心して、万次郎に同調する進歩的な大名や知識人も少なくなかった。万次郎は、一方においては、開国の重要性を説明し、日本の近代化に尽くしたが、他方においては、西洋の書物を何冊も日本語に翻訳して西洋の近代科学を普及させた。また、明治維新になってからは、東京大学で英語を教えながら、自分の経験を基にして、新しい日本の指導者となるべき若者達に、近代国家として日本が生き延びねばならぬということを熱心に語った。

説明せずにはいられない 설명하지 않을 수 없다 / 大名(だいみょう) 영주(무사)

109

アメリカでの自由な生活が忘れられない梅子は、再びアメリカで勉強しようと、1889年フィラデルフィアの近くにあるブリンマー・カレッジへ留学し、そこで3年間生物学を勉強した。アメリカで生き生きとした女性の生活を見れば見るほど、日本の女性の地位を向上させる必要性を痛感し、日本に帰ったら女性達のために仕事をしようと決意した。1892年に帰国したが、そのころ日本には女性が高等教育を受けることができる学校は一つだけしかなかった。そこで、梅子は、自分で自由な教育ができる学校を作ろうと考え、8年後にとうとう東京に「女子英学塾」という私立の学校をつくり、女性達の教育をはじめた。その学校が、今日本で最も有名な女子大学の一つである「津田塾大学」になったのである。

生き生きとした 생기 넘치는 / 私立(わたくしりつ)の学校 사립학교

110

「いじめ」の対象になる理由も様々だ。「背が低い」とか「足が短い」などという肉体的特徴のためにいじめられるのは昔からあった。ところが最近は、肉体的特徴のみか良い面での目立つ特徴でもいじめられることがある。ピアノが上手にひけるとか、海外帰国子女で英語が上手に話せるとか、何か特徴があることは大変素晴らしいことである。しかし、このごろは、このような特技も「いじめ」の対象になっている。クラスの中にいくつか集団があり、集団の一員として皆と同じようなことをしていさえすれば問題はない。が、他の子供と比較して長所となる点を持っているとそれも今の子供の世界では「集団の和」を乱すと考えられ、「いじめ」の対象になってしまう。

背が低い 키가 작다 / 長所(ちょうしょ) 장점 ↔ 短所(たんしょ) 단점 / 集団の和(わ) 집단의 화목(화합)

111

うつくしいと言うことは、どんなことだろう。この世でみてきたものは、みにくいと言わないまでも、うつくしくないもののほうが圧倒的に多いので、うつくしさの本質がわからなくなっているが, 末端までが潔められるような対象、そんなものが存在すれば、それこそ、うつくしいということができるとおもう。しかし、そのうつくしさが、誰にとってもうつくしい絶対のねうちをもつものとは限らない。時代の標準的な美は時計の秒針といっしょに変わってゆくし、甲を感動させることのできるうつくしさが、乙、丙にとってはなんでもないことのほうが通常である。それだから、また、いっさいの存在がうつくしいものの素地をもっているということが言えるわけである。

誰にとっても누구에게 있어서도(모든 사람에게) / なんでもないこと 아무것도 아닌 것 (아무 가치도 없는 것)

112

入信の動機というものは、複雑で微妙だから、これを正確にとらえることはむつかしい。しかしそのなかから、もっとも直接な顕著な動機をえらび出すことは、出来ないことではない。私の場合は、死の体験が、それだったといえる。死の恐怖が、人を神に近づけるのは、ごく普通のことにちがいない。誰しも自分の死を迎えるまでに、無数の他人の死を眺めなければならない。そうした生命のもろさが、人生の無常観をさそい、そこから、絶対に頼れるものとして神を求めるのも、自然である。

入信(にゅうしん) 신앙의 길로 들어섬 / 生命のもろさ 생명의 나약함

113

自分はどうも大事なことを書かず、よけいなことを書いているように思う。しかしまんざらよけいなことでもないと思う。人間はあまりいろいろ与えられているので、一人で何もかも生かすというわけにはゆかない。それでいろいろの人が、自分に一番適当している仕事を忠実に果たすことが必要である。しかし同時にわれらは親としてはよき子を育て、隣人としてはよき隣人となることが必要である。同時にわれらは常に自分の心がけを注意して、生き甲斐を得ることが大事である。人間にはいろいろの本能が与えられるている。その本能をよく生かすことで、われらは生き甲斐も得られ、また死に甲斐も得られるのだ。けっしてわれらは無意味に生かされているのではない。人間の身体にほとんど不要なものがないように、われらの本能にも不要なものはないのである。

よけいなこと 쓸데 없는 것 / ~わけにはゆかない ~할 수는 없다 / 心がけ 마음가짐 / 死に甲斐(がい) 죽는 보람

114

わたしには一度だけ、全身麻酔の経験があるが、あの何十分の間というのは、いま言ったような見方で考えてみると、じつに奇妙な時間だと思えるのである。物心ついて以来、自分がずっと自分というものを知ってきたのに、あの全身麻酔の何十分の間だけ、自分が自分に知られていない。その上、その場に、何人かの他人が居合わせている。自分にとって自分がなくなっているのに、そんな自分がまるごと他人たちにむけて開かれている。はっきり言えば、自分の意識がなくなって、自分の潜在意識があけっぴろげに他人たちに晒されている。

物心(ものごころ)つく 철이 들다 / 居(い)合わせる 마침 그 자리에 있다 /他人たちに晒(さら)される 타인들에게 드러나다

115

私が進もうかよそうかと考えて、ともかくもあくる日まで待とうと決心したのは土曜の晩でした。ところがその晩に、吉村が自殺して死んでしまったのです。私は今でもその光景を思い出すとぞっとします。いつも東枕で寝る私が、その晩にかぎって、偶然西枕に床を敷いたのも、なにかの因縁かもしれません。私は枕もとから吹き込む寒い風でふと眼をさましたのです。見ると、いつもたてきってある吉村と私の部屋との仕切りの襖が、この間の晩と同じくらい開いています。けれどもこの間のように、吉村の黒い姿はそこには立っていません。私は暗示を受けた人のように、床の上に肘をついて起き上がりながらきっと吉村の部屋をのぞきました。ランプが暗くともっているのです。それで床も敷いてあるのです。しかし掛けぶとんははね返されたようにすそのほうに重なり合っているのです。そうして吉村自身は向こう向きにつっ伏しているのです。

あくる日 이튿날 / ぞっとする 오싹하다 / 床を敷く 잠자리를 펴다 / 立てきってある 꼭 닫혀져 있다 / 襖(ふすま) 미닫이, 장지 / 肘(ひじ) 팔꿈치

116

孤児院につれてこられた当初のカマラは、昼間は壁の方を向いて、じっとうずくまり、夜になると元気づいて、戸外を四つ足で走ったりした。人間の発声法を知らないカマラは、オオカミのような吠え声を出すだけで、夜中にはさかんに遠吠えをした。食べるものはぺちゃぺちゃとなめて食べ、腐った肉をあさったり、ニワトリを殺して食べたりもした。着物をきせられたり、風呂に入れられることを極端に嫌い、人間の言葉はしゃべらず、聞いても理解できなかった。カマラはオオカミとして行動できても人間の行動の仕方は知らず、人間としての性格はでき上っていなかったのである。その後九年間に示したカマラの進歩は確実ではあったが、まことに遅々としたものであった。アマラのほうが言葉の面では進歩が早く、孤児院に入れられて二カ月目には、のどが渇いたときにブーといった。しかしカマラは、三年目になって、やっと牧師夫人のことをマーといった。全般的にみて発達はおそく、推定年齢十七歳で死んだときの言語活動は、ようやく三歳半くらいの水準であった。

昼間(ひるま) 낮(동안) / じっとうずくまる 가만히 웅크리고 앉다 / 元気づく 기운이 나다 / 遠吠(とおぼ)え 멀리서 짖는 소리 / ぺちゃぺちゃとなめる 쩍쩍 핥다 / 遅々(ちち)とした 지지부진한 / きせる (옷 따위를) 입히다

117

兄とおれはかように別れたが、困ったのは清の行く先である。兄はむろん連れてゆける身分でなし、清も兄のしりにくっついて九州くんだりまで出かける気は毛頭なし、といって、このときのおれは四畳半の安下宿にこもって、それすらもいざとなれば、直ちに引き払わねばならぬしまつだ。どうすることもできん。清に聞いてみた。どこかへ奉公でもする気かねと言ったら、あなたがおうちを持って、奥さまをおもらいになるまでは、しかたがないから、甥の厄介になりましょうと、ようやく決心した返事をした。この甥は裁判所の書記で、まず今日には差し支えなく暮らしていたから、今までも清に来るなら来いと二、三度進めたのだが、清はたとい下女奉公はしても、年来住み慣れたうちのほうがいいと言って応じなかった。しかし、今の場合、知らぬ屋敷へ奉公がえをして、いらぬ気がねをし直すより、甥の厄介になるほうがましだと思ったのだろう。それにしても早くうちを持っての、妻をもらえの、来て世話をするのと言う。親身の甥よりも他人のおれのほうが好きなのだろう。

毛頭(もうとう) 털끝만큼도, 조금도 / いざとなれば 정작 때가 되면 / どうすることもできん＝どうすることもできない / 奉公(ほうこう)する 고용살이하다 / 厄介(やっかい)になる 신세지다 / 年来(ねんらい) 몇 해 전부터 / 屋敷(やしき) 저택, 대지 / 奉公がえ 고용살이를 바꿈

118

成長する人はほとんどいない。だいたいの人は年をとるだけだ。成長すると、人はブッダになる。最悪の場合でも、ブッダになる潜在性はある。けっして仏教徒になってはいけない——それはカゴだ。どんな組織にも属してはいけない。どんな信仰、あるいは道徳体系にも属してはいけない。属するとしたら、自分自身の自由に属するのみだ。そして自由は、たしかに途方もない責任をもたらす。自分のすることすべてに責任がある。ほかの誰も、その責任は負ってくれない。だからこそ人々は、ありとあらゆる嘘を信じようとするのだ。神はひとつの嘘だ。しかし、それによって人々は彼に責任を負わせる。彼が世界を作ったのだ——もし彼が私たちをこんなふうに作ったのなら、彼に責任がある。人々は預言者や救世主を信じるが、それは彼らに責任を負わせるためだ。

年をとるだけだ 나이를 먹을 뿐이다 / カゴ 過誤 / 途方(とほう)もない 터무니없는

119

だんだんと薄暗くなってきた。いつまで往っても先のかどはあった。もうここらで引き返そうと思った。自分はなにげなくわきの流れを見た。向こう側の斜めに水から出ている半畳敷きほどの石に黒い小さいものがいた。いもりだ。まだぬれていて、それはいい色をしていた。頭を下に傾斜から流れへ臨んでじっとしていた。からだからしたたれた水が黒くかわいた石へ一寸ほど流れている。自分はそれをなにげなくしゃがんで見ていた。自分は以前ほどいもりはきらいでなくなった。とかげは多少好きだ。やもりは虫の中でも最もきらいだ。いもりは好きでもきらいでもない。十年ほど前によく蘆の湖でいもりが宿屋の流し水の出る所に集まっているのを見て、自分がいもりだったらたまらないという気をよく起こした。いもりにもし生まれ変わったら自分はどうするだろう、そんなことを考えた。そのころいもりを見るとそれが想い浮かぶので、いもりを見ることをきらった。

薄暗くなる 어두컴컴해지다 / じっとしている 가만히 있다 / 以前ほど 이전만큼 / とかげ 도마뱀 / 蘆(あし) 갈대 / 想い浮かぶ 마음속에 떠오르다

120

友人——確かに、本当の友をもつことは至難なことです。私自身、ふり返ってぞっとすることがあります。いったい、自分に何人の友がいるだろうか。友達はずいぶんいるような気がする。しかし、真の友は……私は沈黙せざるをえません。不思議なことに、友達というのは、年とともにしだいに減ってゆくように思われます。子供のころには、たくさんの友達がいました。仲のいい友達も、けんかばかりしていた友達も。そして、どの友も、今から考えると、本当の友でした。なんの利害も、打算もなく、夢中で遊び、夢中でけんかをし、そして仲直りをし、文字どおり喜怒哀楽を分かち合った友でした。そのような交友が、年を経るにしたがって、だんだんに失われてゆき、友人はいつか知人に変わっていってしまうのです。例えば、何年かたって、同窓会などで顔を合わせるような時、私がいつも悲しく思うのは、あれほど心おきなくつき合っていた友との間に、いつかわだかまりが生じており、昔のように純真に喜怒哀楽を分かち合うことができなくなっているということです。

至難(しなん)なこと 지극히 어려운 일 / 気がする 기분이 든다, 느낌이 든다 / 不思議なことに 이상하게도 / 仲直(なかなお)りをする 화해하다 / 心おきなく 기탄없이, 미련 없이

121

個人の力は少ない。だからあまりにいろいろのことを引き受けることはできない。しかし自分の務めを果たすことはできる。だから何かの意味で奉公することは必要だ。奉公というのはもちろん、女中に行ったり、小僧に行ったりするのではない。公に奉仕するのだ。しかしこの奉仕にいろいろの仕方があるから、ある形の奉仕を強制するのは牛の角を曲げて牛を殺すような愚をする。人間にはじつにいろいろな人がいる。十人十色、百人百色、千人千色である。もちろん、各自を勝手にさしていいというわけではない。百人のうち七、八十人は、勝手にさしておいたら怠けるかもしれない。またろくでもない結果に陥るかもしれない。教育は必要である。よき教育をすれば、三十人のうち、二十四、五人は立派な人間になり得る。僕は自分の僅かな経験で言うのだから、これが標準になるとは思っていない。ごく大ざっぱのいい方だが、人間が三十人いれば、病的な人は別として、その内に二、三人はできのなかなかいい人がいるように思う。そしてまた二、三人の悪い人がいる。性質のおもしろくない人も一人二人いるかもしれない。

務(つと)めを果す 임무를 다하다 / 奉公(ほうこう) 국가에 대한 봉사 / 公(おおやけ) 국가, 공공단체 / 勝手(かって)に 제멋대로 / ろくでもない 변변치도 못한 / 不服(ふふく)なく 불만 없이

122

ぼくたちはよく友人のことを、見栄坊だと申しますね。だが見栄とは一体、どういう意味なのでしょうか。字引を引いてみますと見栄とは「うわべを飾ること」と書いてありますが、これだけではやはり腑に落ちません。「うわべを飾る」という意味だけなら虚栄心だって同じことです。けれども「見栄を張ること」と「虚栄心をもつこと」とには多少のニュアンスのちがいがあるように思われますので、まず、その点から皆さまと御一緒に考えてまいりましょう。言ってしまえば見栄も一種の虚栄心にちがいありません。それは他人から見られること、他人の眼を意識することを前提としているものなのです。歌舞伎の用語に「見栄を切る」という言葉があります。これは皆さまご存知のように役者がある動作や感情が頂点に達したことを示すために殊更、目だつ仕種をすることで、この時その役者は大むこうからかかる掛け声や拍手を期待していることは言うまでもありません。つまり見栄とは常に虚栄心と同様、他人から見られることを待っている気持なのです。

見栄(みえ)を張る 허세를 부리다 / 字引(じびき)を引く 사전을 찾다 / うわべを飾る 겉을 꾸미다 / 腑に落ちない 납득이 안되다 / ご存知(ぞんじ)のように 아시는 바와 같이 / 殊更(ことさら) 일부러, 특별히 / 仕種(しぐさ) 행위, 연기, 몸짓

123

感情表現が下手な日本人は、それをあらわすには泣くか笑うかしかない。その点では赤ん坊に似ている。赤ん坊はほとんどのことを泣いてあらわし、大きくなるにつれて笑いが従うのである。日本人の笑いの特徴には、羞恥の笑いがある。初対面の欧米人に対して意味もなくニヤニヤして誤解をうけることが多い。日本人としては、この笑いは心の謙虚さや、へりくだった態度をあらわすつもりなのだが、欧米人にはそれが不気味にうつるのである。むろん、微笑をもって相手に接することは、西洋人の礼儀にもある。しかし、日本人の笑いは微笑を越えているし、質問されてわからないことがあると笑うという日本人の習慣は、欧米人には理解できないのである。日本人は怒った場合でも笑うのである。それが美徳だという思想もあって、日本人の笑いの構造は非常に複雑である。

羞恥(しゅうち) 수치, 부끄러움 / ニヤニヤ 히죽히죽, 능글능글 / 不気味(ぶきみ)にうつる 기분 나쁘게 비치다 / 謙虚(けんきょ)さ 겸허함

124

人間はふつう、だれでもことばをはなしている。それは、人間と他の動物とをわける基本的なめじるしの一つと考えられている。つまり動物分類学上の人間の位置は、ホモ・ロークエンス(「はなす」人)というところにある。しかし、それは、肉体の上にあらわれた行動という面からみると、なるほど、舌、くちびる、のどなどという同じ道具を用いて音を発するという点では一致しているが、その行動によって製造された音がたがいのあいだで理解できるかどうかという点になると、それらを一つにひっくるめて「ことば」と呼ぶにはためらいがある。というよりは、今、ここに述べたようなやりかたで、まず、ヒトという動物の種類に共通な「ことば」というものを、あらかじめ設けてから話をすすめるのは、歴史の順序からいえば逆になる。それぞれ理解しあえない、何やらわからぬ音の連続であるが、それもやはり、その話し手たちにとってはことばなのだということがわかるまでにはずいぶん時間がかかっている。

音を発する 소리를 내다 / 逆になる 반대로 되다 / はなし手 화자 / 時間がかかる 시간이 걸리다

125

全国の野鳥が次々と姿を消しているというのに、青森県むつ市大湊湾では、オオハクチョウが地元民の保護ですっかり人になれ、人を見れば集まってきて首を伸ばす。警戒心の強いオオハクチョウがこんなに多くの人になついたのは全国に例がないと、関係者たちは鼻高々。波の静かな大湊湾は、昔から北国の水鳥にとって格好の越冬地。戦後の食糧難時代には、オオハクチョウをとる者があとを断たなかったので、飛来数は減る一方だった。ところが、三十年以後は、地元あげての保護運動が実り、三十一年には三百五十羽ほどだったのに、五年前からは毎年本州最高となり、ことしも七百七十七羽が記録されている。この保護運動は、子どもから老人まで全市民に行き渡っている。下校の児童が欠食のパンくずを与える、ひとかかえものリンゴの皮を、主婦が投げる、こんな光景は、湾内のいたるところで見られるのである。

大湊湾(おおみなとわん) 湾名 / 地元民(じもとみん) 그 고장 사람들 / 鼻高々(はなたかだか) 대단히 의기양양함 / 格好(かっこう) 적당함 / あげて 모두, 일제히

126

私たちは、旅に出れば、いつでもなにかしら新しいものに出会う。その新しさはもちろんとびきり無類の新しさではない。けれどもとにかく、そこでは一切のものが新しい。そこには、いつも新しい未知の人間がいる。見なれた人、なじんだ人は、ひとりもいない。ひとりひとりの人間が旅する者にとっては新鮮なのだ。しかもこの新鮮な未知のひとと、旅さきで、ほんのたまゆらの人間関係をもつことができる。ちょっとした雑談をとりかわすことができる。気持ちのいい相手なら、少しゆっくりしゃべることもできるし、気にくわない相手だったら、サッサときりあげることができる。旅さきで、ほんのひととき結ばれるこの人間関係はサラリとしている。そしてサラリとした人間関係は、なにか気持のいいあと味を残すものだ。旅さきで出会ったちょっとした親切は、バカに私たちを気持ちよくさせる。しかも、私たちはまもなくその親切なひとと別れてしまうのだ。それだけに、そのちょっとした親切がひどく心に残るというのであろうか。

旅に出る 여행을 떠나다 / 無類(むるい)の 유례가 없는, 비길데 없는 / たまゆらの 순간의, 잠시의 / 気にくわない 마음에 들지 않다 / サッサときりあげる 후딱후딱 끝내다

127

一、二か月の欧州の旅から帰国すると、私はしばらくの間、新宿、渋谷、池袋などの雑踏を歩くことができなくなる。さらに、正常に立つことすらままならない満員電車、それから吐き出されてプラットホームや階段を昇り降りするときの苦痛、私の目の前に押し寄せる人間の怒とうに圧倒されて、目を上げることすらできず、じっとうつむいて重い足を引きずるのだ。その人波に慣れ、元通りの何くわぬ顔で都会の海を歩けるようになるには二、三週間を要する。多分、私は現代の都会生活に、適応しにくい人間なのだろう。ストレスへの耐性がなく、それを避ける方向へのみ行動したがるからだ。

雑踏(ざっとう) 혼잡 / ままならない 뜻대로 되지 않는 / 押し寄(よ)せる 밀어닥치다 / 怒(ど)とう 노도

128

現代は人ごみの時代、人ごみを求める時代である。われわれは一人でぽつんと部屋にいるよりも、混んだ電車にのって会社に出かける方に生きがいを感じる。金魚は仲間が大勢いる方が長生きするといわれるが、ガラガラの映画館で映画を見るより、満員の劇場で足を棒にして見る方が同じものでもちがう印象を与える。だからなるべく忙しくしていることに幸せを感じ快楽を感じる。そのためみんながみんなのことを気にして、みんながみんなにふりまわされていくのである。こういう時代では、すいた静かな電車より、人ごみのなかでもまれているときに、かえってむらむらと闘志をかきたてられ、その一日の仕事がはかどる、という人が出てくる。

金魚(きんぎょ) 금붕어 / 気にする 걱정하다, 염려하다 / 闘志(とうし)をかきたてる 투지를 불태우다

129

あらためて私自身について考えますと、私も時代から主題をあたえられた、としみじみ感じます。そしてどういう主題を自分は時代からあたえられたかといいますと、三つのものがあると思うのです。ひとつは、戦後の解放感ということです。不安な戦争が終わって、村の生活感覚自体がはっきり解放されて、子どもながら自分も積極的な生き方をしたいと思った。ポジティブな生き方をしたいと思った。戦争の時代、子どもとしても苦しかった、恐ろしかった。恐怖を持って生きていた。戦争に勝たなければいけないという、差しせまった気持ちももちろん持っていました。そういう子どもの日々が続き、十歳の時に戦争が終わったのですから、その解放感というものはたいへんなものだった。

子どもながら 어린이면서 / 差(さ)しせまる 임박하다, 절박하다

130

大学を卒業したばかりで、仕事に就くまでの六か月間、ドイツ語を学ぶために伯父の家に下宿をしていること、機械部品を製造している会社を経営していた父が二年前に突然心臓発作で急逝したこと、父と母はウィーンで出会い、熱烈な恋をして結婚したこと、妹がケンブリッジ大学で考古学の勉強をしていることなどを、彼は熱心に話していた。私はよい聞き役だったと思う。その語り口から私は彼が両親の愛に豊かにはぐくまれて育った青年であることを察していた。おっとりとしたものごしと、人の気持を理解しようとする優しさが、私には快いものだった。きゃしゃな身体を包むラフな紺のセーター、話が興にのるときにかざす手の指の透けるような白さ、眼鏡からのぞく知性的なまなざしなどに、私は温室で育てられた白いランの花の繊細さを感じていた。陽が落ちかけたウィーンの街は薄紫のベールにすっぽりと包まれ、カスタニエンの並木の下の舗道は色とりどりの枯れ葉が敷きつめられていた。ゆっくりと歩く足もとに枯れ葉の澄んだ音がひびき、あたりには透明な空気が流れていた。

はぐくむ 기르다, 키우다 / おっとりとしたものごし 느긋하고 대범한 태도 / きゃしゃな 날씬한, 연약한 / 興にのる 흥이 나다 / まなざし 눈빛, 눈의 표정

長文

1~50

読解

1

宇宙の中にあるすべての動植鉱物、森羅万象は、波動エネルギーを創り出しています。この波動エネルギーは常に滔々と流れていくべきもので、決して澱んではなりません。すべての存在はそれぞれ固有の波動エネルギーを発し、共鳴し合うことで共生関係にあります。まだ科学的に解明されていませんが、この波動エネルギーの源は人間の意識エネルギーによるものであると確信しています。すべての存在は人間の意識エネルギーによって左右されています。つまり、この地球上における人間の役割は、共鳴の原則に基づき、これらもろもろの波動エネルギーを調整することにあるのです。したがって、人間の意識自体に偏りや澱みがある時、すべての調和は乱れ、いわゆるエネルギーの氾濫を起こすことになります。ひいては現世においては、自然災害、経済恐慌、疾病の蔓延という現象を引き起こすことになります。つまり人間の意識エネルギーによってすべてが左右されるのです。

滔々(とうとう)と 도도히 / 澱み(よどみ) 웅덩이, (물이)굄

2

近ごろは、展覧会や音楽会が盛んに開かれて、絵を見たり、音楽を聞いたりする人々の数も急にふえてきた様子です。そのためでしょうか、若い人たちから、よく絵や音楽について意見をきかれるようになりました。近ごろの絵や音楽はむずかしくてよくわからぬ、ああいうものがわかるようになるのには、どういう勉強をしたらいいか、どういう本を読んだらいいか、という質問が、大変多いのです。わたしは、美術や音楽に関する本を読むことも結構であろうが、それよりも、何も考えずに、たくさん見たり聞いたりすることが第一だ、といつも答えています。極端にいえば、絵や音楽を、わかるとかわからないとか言うのが、もうまちがっているのです。絵は、目で見て楽しむものだ、音楽は、耳で聞いて感動するものだ。頭でわかるとかわからないとか言うべき筋のものではありますまい。まず、何をおいても、見ることです。聞くことです。そう言うと、そんなことはわかりきった話だ、と諸君は言うでしょう。ところが、わたしは、それはちっともわかりきった話ではない、諸君は、おそらく、そのことを、よくよく考えてみたことはないだろうと言いたいのです。

意見をきかれる 질문을 받다 /　~ものではありますまい ~이 아닐 것입니다 /
わかりきった話 뻔한 이야기

3

書物を読むということは僕らが実生活の上で優れた友人を得、互いにその友情を育てて行くことと本質において全く同じなのである。おそらく友人の名に価する友人が僕らを本当に裨益してくれるのは、彼らが僕らと全く違った個性の持ち主であり、したがって互いに異なった生き方をし、そこから生ずる摩擦が僕らに自分では思いも及ばなかった人の姿を教え、ひいては僕らの心にねむっていたさまざまな可能性を呼びさましてくれる点に存するのであるが、僕らが書籍から受ける感化も結局これと同じことに帰着するのである。そして僕らが良書ほど一度や二度読んだだけでは理解し難いと同様に、友達にしても彼らが強い個性を持っていればいるほど互いに誤解もすればけんかもする。しかしこの場合も双方が正直であり、かつ一片が愛情をもち続ける限り、その誤解はやがてより親しい理解の前提をなすものである。ちょうど優れた著者の言葉に対して僕らの抱く疑惑が、それが真摯なものである限り、やはり、彼の思想の高所に登る段階であるように。

~に価(あたい)する 가치가 있다 / 裨益(ひえき)する 이롭게 하다 / 自分では 스스로는 / ひいては 더 나아가서는 / 誤解もすればけんかもする 오해도 하고 싸움도 한다 / 真摯(しんし)な 진지한

4

タイトルが「世界はヒロシマを覚えているか」というのは間違いだ、と私は思います。むしろ問題の基本的な性格から考えて、「世界は南京虐殺三十万を覚えているか」、「戦争の犠牲となった一千万のアジア人を記憶しているか」、「挺身隊、強制連行された人々を記憶しているか」、「原爆被害者を記憶しているか」と聞くべきです。日本が新しいアジアに対して構想を持つとしたら、過ぎさった時代の歴史的なあやまちを清算し、道徳的な純潔性が保障されなければ、アジアの未来に参加する資格はありません。その保障がなければ、日本は全世界の未来に参加し、新しいアジアの役割の一翼を担うことはできません。日本がアジアにおいて今後重要な役割をはたしてゆくためには、被爆者、挺身隊、強制連行者、かれら数十万人の問題について、日本の政府をはじめ一般の世論においても、日本の内部で道徳的な議論を起こす必要があります。世界に対して、ヒロシマを覚えているか、と訴える前に、日本自身の道徳的な清算、歴史的な清算を行う、という日本人の運動が必要だと思います。

間違(まちが)い 잘못 / 担(にな)う 짊어지다, 담당하다 / ～はじめ ～비롯하여

5

快楽が人生に与えられていることは人間にとってありがたいことだ。快楽が人生に与えられていなかったら、人生はかえってがりがりになりおもしろ味のないものになるであろう。何を食っても美味でなく、何を見ても愉快でなく、どんなことがあっても嬉しくなく、われらはただ義務だけの生活で、楽しみというものがなかったら、世の中はおもしろくない。快楽があって、われらは生きる楽もあるわけだ。しかし快楽は肉体以上のものではない。少なくも死以上のものではない。快楽を愛すれば愛するほど、死が怖くなるもので、人生の無常を知らされる。だから宗教家は快楽を愛さない。快楽を一時的なものとして愛するならいいが、これに執着すると、その結果はおもしろいとはいかない。もともとわれらに快楽が与えられているのは、生き甲斐を与えるためではなく、盲目的に人生の役目を果させるためである。だからその役目を済ませれば快楽の必要は無くなるのである。美食は腹がはるので役目を果し、性欲は子供を生ますので役目を果し、恋愛は結婚で自分の役目を果す。それ以上の役目はもともとそれらのものにはないのである。

~にとって~에게 있어서 / 美味(びみ)でない 맛이 없다 / 甲斐(かい) 보람 / 役目(やくめ) 역할

6

何かが燃えて煙を出している。大きな香炉で線香を燃やしているのだ。その煙を頭にすり込むと頭がよくなり、ふところにすり込むとお金が入るという。身体全体にすり込むとけがをしなくなるという。それが済むといよいよ御手洗で手を清めて本堂へのお参りという段取りになる。

参拝をすませたあとは、五重の塔を仰ぎ見ながら花屋敷へと散歩の足を進める。昔ながらの蚤の市風の靴屋、洋服屋、駄菓子屋がのんびりと並んでいる。裏通りの大衆酒場や一杯飲み屋などは庶民のいこいの場所だ。モツ焼き、おでんの煮込み、湯豆腐、枝豆などをさかなに一日の疲れをいやす人たち。くったくのない笑顔がある。裏通りにはとりすました顔がない。ほんとうの庶民の姿を観察するには、下町の路地裏を歩くに限る。

近代化から取り残されたような木造の家々の前には小さな植木鉢が並べられ、色とりどりの花を咲かせている。戦争の名残の防火用水、発泡スチロールの箱、石油缶などがりっぱな植木鉢に変身している。三輪車やぼろ自転車が乗り捨てられている。ばけつで水をまくおじさん。そんな裏道には日本独特の情緒があふれている。道に迷ってもかまわない。

線香(せんこう) 피우는 향 / 段取(だんど)り 순서, 절차 / 花屋敷(はなやしき) 꽃 정원 / 蚤(のみ)の市(いち) 古物시장 / 駄菓子屋(だがしや) 막과자점 / 大衆酒場(たいしゅうさかば) 대중 술집 / もつ焼き 내장구이 / 湯豆腐(ゆどうふ) 살짝 데친 두부/ 下町(したまち) 도시의 저지대로 상공업 지대 / 植木鉢(うえきばち) 화분

7

私の所にあいさつに来てくれた。一年間滞在し、帰郷して妻子を連れてきたいと言っていたのに、その翌年に董丞相がなくなられて、私も汴州を去ったため、とりやめになり、そのまま来られずに終わってしまった。この年に、わたしは徐州に武官として赴任した。その時にお前を呼び寄せる使者を初めて遣わしたが、わたしもすぐ官をやめてしまい、お前もそのまま、また来られずに終ってしまった。実はお前を東のかたの徐州につれて来ようかとも考えたのだが、考えてみればそこも旅の仮の宿であり、どうせいつまでも留っていることもできない。いつまでも一緒に過ごそうとすれば、西のかた郷里に帰るにこしたことはないと、一家を構えてお前を呼び寄せようとしていたところだったのだ。ああ、お前がこうしてわたしを残したまま急に死んでしまおうなどと、一体だれが考えただろう。お互いに少年のころ、しばらくは別れ別れに過ごそうとも、最後は当然いつまでも一緒に暮らすべきものと思い合っていた。だからこそお前を捨ておいて遠く都に赴任し、わずかばかりの俸給をもらっていたのである。もしもお前と死別することがわかっていたならば、たとえどんなに高い地位官職であろうとも、わたしは一日だってお前を捨ておいて、就職などはしなかったであろうに…

董丞(とうじょう) 董재상 / 徐州(じょしゅう) 中國의 地名 / 汴洲(べんしゅう) 中國의 地名

8

臣亮、申し上げます。先帝は、始められた事業がまだ半ばにも至らぬうちに、途中で崩御されました。今や、天下は三勢力に分裂し、わが益州の地は疲弊しきっております。これはまことに緊急の、立つか滅びるかの瀬戸際であります。しかし近侍の文官たちは、宮中内で励み怠らず、忠実な武臣たちは戦場にあって自分の身を忘れて勤めております。つまり、先帝の格別の恩顧を追慕し、これを陛下にお報いしようと願っているからです。陛下は、まさに耳目をお開きのうえ善道を推察され、先帝のお残しになったご遺徳を輝かし、勇士たちの志気をお広げになるべきであり、みだりにご自分を卑小なものとして、無益な比喩を引用なさって、道義を失って、忠言や諫言の道を閉ざしてはなりません。

宮中と政府とは、共に一体たるべきものであります。善を賞し悪を罰するのに、食い違いがあってはなりません。もし悪事をなし法律を犯すもの、または忠義や善事をなすものがあれば、当該の官庁に付託して、その刑罰や恩賞を制定させ、陛下の公平な政治を明らかにすべきであり、私情にひかれて、内外の法律に相違を生じさせるようなことがあってはなりません。侍中、侍郎の郭攸之・費禕・董允らは、みな忠良であり志は忠実、純粋であります。この故にこそ先帝は特に抜擢なさり、陛下にお残しになったのです。思いますに、宮中の事は大小の区別なく、すべてこれらの人々にご相談なさってからのちに施行なさったならば、必ずやよく手落ちを補い、さらに広い利益が得られるでありましょう。

臣亮(しんりょう) 臣량 / 崩御(ほうぎょ) 세상을 떠남 / 益州(えきしゅう) 地名 / 疲弊(ひへい)しきる 피폐하다 / 瀬戸際(せとぎわ) 운명의 갈림길 / 近時(きんじ) 시종 / 郭攸之(かくゆうし) 人名 / 費禕(ひい) 人名 / 董允(とういん) 人名 / 手落ち 실수, 부주의

9

僕は、今日から日記をつける。このごろの自分の一日一日が、なんだか、とても重大なもののような気がしてきたからである。人間は、十六歳と二十歳までの間にその人格がつくられると、ルソーだかだれだか言っていたそうだが、あるいは、そんなものかもしれない。僕も、すでに十六歳である。十六になったら、ぼくという人間は、カタリという音をたてて変わってしまった。他の人には、気がつくまい。いわば、形而上の変化なのだから、実際、十六になったら、山も、海も、花も、街の人も、青空も、まるっきり違って見えてきたのだ。悪の存在も、ちょっとわかった。この世には、困難な問題が、実に、おびただしくあるのだということも、ぼんやり予感できるようになったのだ。だから僕は、このごろ毎日、不機嫌なんだ。ひどく怒りっぽくなった。知恵の実を食べると、人間は、笑いを失うものらしい。以前は、お茶目で、わざとまぬけた失敗なんかしてみせて家中の人たちを笑わせて得意だったのだが、このごろ、そんな、とぼけたお道化が、ひどくばからしくなってきた。お道化なんてのは、卑屈な男子のすることだ。お道化を演じて、人にかわいがられる、あの淋しさ、たまらない。空虚だ。人間は、もっとまじめに生きなければならぬものである。男子は、人にかわいがられようと思ったりしては、いけない。男子は、人に「尊敬」されるように、努力すべきものである。このごろ、僕の表情は、異様に深刻らしい。深刻すぎて、とうとう昨夜、兄さんから忠告を受けた。

日記をつける 일기를 쓰다 / 気がする 기분(느낌)이 들다 / 気がつくまい 생각이 미치지 못할 것이다 / 不機嫌(ふきげん)だ 기분이 언짢다 / 茶目(ちゃめ) 장난을 잘함, 장난꾸러기 / 道化(どうけ) 익살, 익살꾼 / お道化なんてのは 익살이라고 하는 것은

10

そもそも天地とは、万物を迎えて送る旅館のようなものであり、流れ去りゆく月日は、永遠に旅をつづける旅人のようなものである。それに比べるとはかない人生は夢のようなもので、楽しみをなすと言っても、どれほどの時間があるだろうか。だから昔の人が昼間のみでは物足らず、灯火をかざして夜までも遊び楽しんだということだが、なるほどもっともなことである。まして、今うららかな春は霞たなびく春景色をつくって、われわれに遊びに来いと誘いかけるし、造化の神が美しい景色をこしらえて、われわれに貸し与えてくれているのである。今宵は、桃や李の咲きにおう花園に、親しい身うちの者たちが集まって、一族の楽しさを詩にうたうのである。文才ゆたかな若者たちは、みなあの謝恵連のようにすばらしい詩を作ることであろうが、わたしの作る詩だけは、とても康楽侯に及びもつかないつたなさを恥じるばかりである。心にしみじみとした春の夜景を賞玩する楽しみは、いつまでも尽き果てることなく、世俗を離れた高尚な歓談は、ますますさわやかに続く。玉のような美しいむしろを敷いて、花の中に宴席を設けて座り、互いに杯をやりとりして、月をめでつつ酒に酔う。こうした折によい詩ができなければ、どうして風雅の思いを表わすことができようか。もしも詩の作れないものがあったら、それこそ金谷園の故事にならって、罰杯として三杯の酒を飲ませることにしよう。

昼間(ひるま) 낮 동안 / 今宵(こよい) 오늘저녁, 오늘밤 / 李(すもも) 자도나무, 오얏 / 文才(ぶんさい) 글재주 / 恵連(けいれん) 唐의 詩人 / 康楽(こうらく) 詩人 / 恵連 사촌 / 賞玩(しょうがん) 칭찬하여 맛봄 / 歓談(かんだん) 환담 / 金谷園(きんこくえん) 별장名 / 故事にならって 故事처럼, 故事와 같이 / 罰杯(ばっぱい) 벌酒

11

人の性質は一方に片寄ることが多い。このことは聖人でない限りは、まぬかれがたい点である。そしてこの性質の片寄っている点こそ、過ちの生ずるもとである。だから賢者でも、過ちがないというわけにはいかない。かりにも自分の身を修め反省することがないならば、その言行を過たない者はほとんどないであろう。その上、一般人の心は良心が私欲にふさがれることが多く、一方に片寄っていて狭小である。だから学問に志す者にとっては、できるだけ多く見聞きし、好んで他の人にものをたずねて、その意見をとり入れ、自分の過ちを聞いて、その忠告をとり入れることが大切なのである。むやみに自分の意見を固守して、みずから正しいとするのは、よくないのである。学問は、順序を追って毎日進めていくことが大切である。たとえばこの天下の極めて遠い所には、当然まだ人跡の至っていない所もある。しかし毎日努力して進んで行き、休むことがないならば、やはりどんな所にでも行きつけない所はないのである。それと同じように学問のみなもとは深いところにある。もし基礎的なことを学ぶ努力を毎日続けて休むことがなく、それを長く続けていけば、必ず学問の深遠をきわめることができるのである。

~というわけにはいかない~라고는 할 수 없다 / ~にとっては ~으로써는

12

私の父は、田舎の村の収入役という目立たない仕事をしている人間であったが、何度か私たちに向かって言った。「人生というのは芝居をしているようなものだ。自分の当った役割りをうまくやるほかはない。」と。たしか、私のおぼろげな推定では、私の父は村長になりたかったようである。その当時の村長は選挙でなく、前任者や村会議員たちの推薦によって地方の長官から任命されたものであった。父は内気な手堅い人間であったので、村長に推挙される機会がなく、収入役で終った。そのことに対しての不満とあきらめの感情がこのことばの中に漂っていることを、二十歳ぐらいの時、私は感じた。このような、私の父が考えたようなことが、体験から得た悟りというべきものであり、それはやがて、思想というべきものの萌芽である。これに類した考え方を、ほとんどあらゆる人間が、自分の体験から抜き出して持っているにちがいない。ある人は、生きることの本質は演劇的なものであると考える。ある人は、人生とは砂漠のようなものであると考える。徳川家康は、重い車を坂に押し上げるようなのが人生だと考えた。徳川家康のこの考えは、多分に、功利的なものを含んでいて、生きて仕事をする努力は車を坂に押し上げるように絶えず努力を続けていれば成功する、という教訓につながっている。

田舎(いなか) 시골 / 収入役(しゅうにゅうやく) 회계사무공무원 / 芝居(しばい) 연극 / 内気(うちき)な手堅(てがた)い人間 내성적이고 견실한 인간 / 萌芽(ほうが) 싹이 틈 / ~にちがいない ~에 틀림없다 / 徳川家康(とくがわいえやす) 人名

13

　わたしが君に初めて会ったのは、わたしがまだ札幌に住んでいるころだった。わたしの借りた家は、札幌の町はずれを流れる豊平川という川の右岸にあった。その家は、堤の下の一町歩ほどもある大きなりんご園の中に建ててあった。そこに、ある日の午後、君は尋ねてきたのだった。君は、少しふきげんそうな、口の重い、癇で背たけが伸びきらないといったような少年だった。きたない中学校の制服の立ちえりのホックを、うるさそうにはずしたままにしていた。それが妙なことには、ことにはっきりとわたしの記憶に残っている。君は、座に着くと、ぶっきらぼうに自分の書いた絵を見てもらいたいと言いだした。君は、片手ではかかえきれないほど油絵や水彩画を持ち込んできていた。君は、自分自身を平気でしいたげる人のように、ふろしき包みの中から、乱暴に幾枚かの絵を引き抜いてわたしの前に置いた。そして、じっと探るようにわたしの顔を見つめた。あからさまに言うと、その時、私は、君を、いやに高慢ちきな若者だと思った。そして、君の方には顔も向けないで、よんどころなく、差し出された絵を取り上げてみた。わたしは、一目見て驚かずにはいられなかった。

札幌(さっぽろ) 地名 / 豊平川(とよひらかわ) 江名 / 癇(かん) 신경과민 / 妙なことに 묘하게 / 平気(へいき)で 아무렇지도 않게, 태연하게 / よんどころなく 어쩔 수 없이, 부득이하게

14

暗がりに向って低く口笛を吹いたら、車のバンパーの下から小さな頭がひょっこりのぞいたから、もうたまらない。私は感傷的にさえなって口笛で一心に呼びながら、クラッカーを握った手を犬のほうへいっぱいに差し伸べた。犬は半日のうちにげっそりやつれてしまった全身を車の下から現し、油で汚れた背をまるめ、頭を低く構え、縁側に立つ私を上目使いに眺めながら、傷ついた左の後足をかばってそろそろと進み出てきた。そして用心深く尻尾をすこし振るってはまた止めた。感傷というものは相手を自分の目の前までおびき寄せるまで発露を抑えるという冷静さを備えているものらしい。恐る恐る這い寄ってくる犬のほうに向って、私の影が縁側から細長く伸びていた。その頭の前まで来て、犬はもうよしてくれと詰るように、つややかな目で私の顔を見上げた。余計なことに、私は犬をもう一歩引きつけておいて、クラッカーを犬のすこし手前に投げた。無思慮にも、犬は地面に跳ねる餌に飛びついた。そして傷ついたほうの足で、地面を踏んでしまった。

口笛(くちぶえ) 휘파람 / 上目使(うわめづか)いに眺める 눈을 치뜨고 바라보다 / 用心深(ようじんぶか)く 주의깊게 / 尻尾(しっぽ) 꼬리 / 恐(おそ)る恐る 조심조심 / 詰(なじ)る 힐문하다 / 余計(よけい)なことに 쓸데없게도 / 手前(てまえ) 바로 앞

15

人は自分の子供がかわいいからといって、よい師を選んで教育させる。ところが自分自身のこととなると、師について学ぶのを恥だと思っている。それは、とんでもない考え違いだ。子供の師というのは、子供に書物を与え、読み方を習わせるものである。ここで私が言っている、道を伝え、人の迷いを解決するための師ではない。書物の読み方がわからない場合と、迷いが解決できない場合とで、一方は師について学び、一方は師について学ぶことをしない。

これでは、小さなことだけを学んで、大切なことは忘れているというものだ。私には、こんな本末転倒が、賢明な人のとる態度だとはとても思えない。みこ・医者・音楽師やその他もろもろの職人たちは、互いに仲間を師として学ぶことを恥とはしない。ところが、知職人たる士大夫のやからは、師だといい、弟子だといったりする者がいると、皆でよってたかって嘲笑する。わけをたずねてみると、「彼と彼とは同じくらいの年齢だ。道徳の程度も似たようなものだ。」などと言う。だから彼らは、師の官位が低ければ、弟子にはとても恥ずかしいことだと思うし、逆に師の官位が高ければ、弟子がご機嫌どりをしているみたいだとする。ああ、これでは師の本来のあり方が回復できないことは、よくわかる。

みこ・医者・音楽師やもろもろの職人は、上流の人たちからは相手にされないものたちである。ところが、今や上流の人たちは、その知恵ということでは、かえって彼らの賢明さに及ばなくなっているのだ。なんとも不思議なことである。

とんでもない 터무니없는, 당치도 않는 / 知識人たる士大夫 지식인인 사대부 / 機嫌(きげん)どり 비위맞춤 / あり方 본연의 자세(상태) / もろもろの 여러 가지의 / なんとも 정말, 참으로

16

未来のことは未来の人に任せよう。現在のわれらは理想の世界に遠いことを残念に思うが、しかしわれらはいたずらに悲観するのをやめよう。過去の人間はもっと苦しい時代を生きてきた。人間はずいぶん今までにいろいろの時代を通過した。そしてわれらはそういう時代を通過し、突破したものの子孫だ。意気地のないことは言わずに、われらは与えられた運命を人間らしく生かそう。人間は何よりも生きぬくことが必要だ。死ぬまでは生きるのである。生きている以上は何かするのである。自分の仕事を忠実に果たすのが大事だ。しかし諸君等の仕事がくだらない仕事だったら、適当にそれはやってのけて、そして自分の時間でこつこつ勉強すべきだ。何にもやりたいことがなかったら、まず身体を大事にし、そして読みたい本でも読むがいい。そしてよき友でも見いだすがいい。諸君は出世したかったら十人並の誠実さでは駄目である。また、十人並の努力や、勉強では駄目である。しかし世間的に出世したくなかったら、仕事によったら、そうムキになる必要があるまい。今の時代には金とる仕事には、おもしろくない仕事もあるから、そう仕事にムキになれとは僕は言わない。しかしムキになれる仕事を幸い諸君がやっているなら、どこまでもムキになってその仕事を忠実にやるべきだ。喜びはその内にあり、君たちの知恵は増し、才能も増すであろう。人間にとっての喜びの一つは進歩である。

残念(ざんねん)に 유감으로 / 意気地(いくじ) 기개, 패기 / 駄目(だめ)である 안 된다, 불가능하다 / 世間的(せけんてき)に 세속적으로

17

去年、孟東野がお前を訪ねて行った折に、わたしの手紙をもたせたが、そこには、「わたしはまだ四十歳にもならないのに、視力はぼんやりとし、髪はごま塩、それに歯はぐらぐらしている。おじたちや兄たちが、皆まだ元気な年ごろに若死にしたことを考えると、わたしのような衰弱した身が、どうして長生きができるだろうか。だがわたしがここをやめ去るわけにはゆかず、お前の方からこちらに来なければ、恐らくわたしは遠からず死んで、お前に限り知れない悲しみを抱かせることになるだろう。」と書いておいた。ああ、それなのに若いお前が死んで年長のわたしが生き残り、強いお前が若死にして病弱のわたしが生きながらえていようとは、だれが思っただろう。ああ、これが真実なのだろうか。それとも夢なのだろうか。お前の死の知らせは真実ではないのではないか。真実であるならば、あれほど徳の高かった兄が、自分の跡取りを若死にさせる道理があるだろうか。清純で聡明なお前が、どうしてその恩沢を受け得ないはずがあるだろうか。年少者、強健者が若死にし、年長者、病弱者が無事に長生きするだろうか。どうも真実とは思えないのである。しかし、これが夢であり、知らせが真実でなかったとすれば、東野からの手紙や耿蘭からの通知が、どうしてわたしの手もとにあるのだろう。ああ、やっぱり真実なのだろう。

孟東野(もうとうや) 人名 / ～わけにはゆかず ～할 수는 없고 / 若死(わかじ)にする 요절하다 / 跡取(あとと)り 대를 이음, 대를 잇는 사람 / 恩沢(おんたく)은혜 / 耿蘭(こうらん) 人名

18

歩いているうちに我々はひどく高くへ登ったものとみえる。そこはちょっとした見晴らしで、打ち開けた一面の畑の下に、遠くどこの町とも知れない町が、雲と霞との間からぼんやりと見える。しばらくそれを見ていたが、たしかに町に相違ない。それにしてもあんな方角に、それほどの人家のある場所があるとすれば、一たいどこなのであろう。私は少し腑に落ちぬ気持がする。しかし私はこの辺一帯の地理は一向に知らないのだから、解らないのも無理ではないが、それはそれとして、さて後ろの方はと注意して見ると、そこは極くなだらかな傾斜で、遠くへ行けば行くほど低くなっているらしく、何でも一面の雑木林のようである。その雑木林はかなり深いようだ。そうしてさほど太くもないたくさんの木の幹の半面を照らして、正午に間もない優しい春の日ざしが、楡や樫や栗や白樺などの芽生えしたばかりの爽やかな葉の透き間から、煙のように、また匂いのように流れ込んで、その幹や地面やの日かげと日向との加減が、ちょっと口では言えない種類の美しさである。おれはこの雑木林の奥へ入って行きたい気もちになった。その林のなかは、かき別けねばならぬというほどの深い草原でもなく、行こうと思えばわけもないからだ。

見晴(みはら)らし 전망 / 霞(かすみ) 안개 / 腑(ふ)に落ちぬ 납득이 가지 않는 / 一向(いっこう)に 전혀 / 楡(にれ) 느릅나무 / 樫(かし) 떡갈나무 / 白樺(しらかば) 자작나무 / 日向(ひなた) 양지

19

村人は漁夫を見て、たいへん驚き、どこから来たのかとたずねた。漁夫はことこまかに答えた。するとそのまま迎えて家につれ帰り、酒の用意をし鶏を殺して食事を作ってくれた。村中の人たちはこんな人間が村に来ていることを聞き知り、皆やって来てたずねる。家の主人が言うことには、「先祖は秦の時代の戦乱を避け、妻子や村人をつれて、この世間と隔絶した所に来たのですが、それ以来二度と村の外に出ませんでした。それでそのまま外部の人と隔絶してしまったのです。」と。そして「今は何という時代ですか。」と問う。

なんと、漢の時代があったことさえ知らず、魏晉の時代を知らないのは言うまでもない。漁夫は自分が聞き知っていることをことこまかに話した。皆驚いてため息をついている。ほかの人たちもそれぞれに漁夫を自分の家につれて行き、皆酒や食事を出してもてなした。漁夫は数日間、村に滞在し、やがて別れを告げた。別れにあたってこの村の人は言った。「外部の人にお話になるまでもないことですよ。」と。漁夫はやがて村を出て、自分の船を見つけ、そのままもと来た道に沿って行き、あちこちに目印をつけておいた。郡の役所のある町に着くと、郡の長官のところへ行って、かくかくしかじかと報告した。長官はすぐに部下をつかわし、漁夫について行かせ、前の目印を捜させたが、そのまま迷ってしまい、道を捜すことができなかった。

南陽の劉子驥は、世俗を超越した、人格の高潔な人物であった。この話しを聞いて、大変に喜び、自分も行こうと企てたが、まだ実現しないうちに、まもなく病気になって死んだ。その後はこの村への渡し場をたずねる人がそのままいなくなってしまった。

ことこまかに 상세히, 자세히 / 隔絶(かくぜつ)した所 격리된 곳, 동 떨어진 곳 / 魏晉(ぎしん)国名 / ため息をつく 한숨을 쉬다 / 目印(めじるし)をつける 표시를 해도다 / 役所(やくしょ) 관청 / しかじかと 여차여차 / 劉子驥(りゅうしき) 人名 / 渡し場(ば) 나루터, 도선장

20

蔣氏はたいへんに悲しみ、とめどもなく涙を流しながら言った。「あなたは私を哀れに思って、助けてくださろうとなさるのですか。それならば、私がやっている蛇捕りの仕事の不幸は、私の租税をもとにもどされる不幸の甚だしさには及ばないのです。私が以前からこの仕事をしていなかったなら、とうの昔に困窮してしまっていたことでしょう。

私の家が三代前からこの村に住みついてから今に至るまで、六十年になります。そして近隣の村人の生活は、一日ごとに窮迫し、土地の産物を税として納めつくし、家の収入を出しつくし、泣きわめきながら他の土地へ移住してしまうか、飢え渇いて倒れてしまうのです。また風雨にさらされ、寒さ暑さに苦しめられ、毒気を吸いこんで、往々にして死んでしまう者が次々と後を絶ちません。以前、私の祖父の代から一緒に住んでいたもので、今も残っている家は十軒に一軒もないし、私の父の代からの家も、十軒に二、三軒も残っていません。

私の代になって十二年になりますが、ともにあった家で今まで続いているのは、十軒に四、五軒もないといったありさまです。死にたえてしまったか、さもなければよそに移住してしまったのです。それなのに私だけは、蛇を捕らえているおかげで、ただ一人生き長らえていられるのです。

とめどもなく 한없이, 끝없이 / 蛇(へび) 뱀 / 窮迫(きゅうはく)する 빈곤이 극심하다 / ~ないとった = ~ないといった / 死にたえる 다 죽어 버리다 / さもなければ 그렇지 않으면

21

年月日、おじのわたしは、お前の死を知ってから七日目、深く哀悼の意をこめ、誠意を尽くして、ここに建中を使者として時節の供え物を供え、お前の霊に告げさせる。

ああ、わたしは幼年にして孤となり、成長してからも親の顔も知らず、もっぱら兄夫婦に身を寄せ、世話を受けてきた。その兄が中年にして南方でなくなったが、その時、わたしとお前とは共にまだ幼く、兄嫁につき従って郷里の河陽に葬ったのである。その後お前と共に江南の地に移って生計をはかることになり、頼る者とてなく苦労したが、一日として互いに離れることはなかった。わたしは上に三人の兄があったが、不幸にしてみな若死にしてしまった。だから祖先の血筋を受け継ぐ者は、孫ではお前、子ではわたしだけということになった。子と孫の二代にわたって、それぞれ一人ずつだけで、しかも各々体も一つ影も一つという、全く身寄りもない独り身なのである。だから兄嫁はいつもお前を撫で、わたしを指さしては、「この韓の家は二代、ただこの二人だけだ。」と言っていた。

お前は当時はとても幼かったから、きっとその時のことを記憶していないにちがいない。わたしも当時のそのことは覚えてはいるものの、まだそのことばの悲痛さについては、理解できなかった。

孤(みなしご) 고아 / 世話を受ける 보살핌을 받다 / 生計をはかる 생계를 꾀하다 / 一日として 하루라도 / 不幸(ふこう)にして 불행히/覚えてはいるものの 기억하고는 있지만

22

屈原は追放されてから、湘江のほとりをさまよい歩きながら、沢のほとりで賦を口ずさんでいた。その表情はやつれ果て、その姿は枯れ木のようにやせこけていた。一人の漁師がこれを見て、「あなたは三閭大夫ではありませんか。どうしてこのようなお姿になられたのですか。」と尋ねた。屈原は、「世の中はすっかり汚れており、私ひとりが清らかです。世の人々は皆欲に迷って酔っているようであり、私だけが覚めている。そのために追放されてしまったのです。」と答えた。

すると漁師は、「聖人は物事にこだわることなく、世俗に順応してゆけるのです。世間の人がみな濁っているならば、どうして同じ世の泥を濁し、同じ濁った泥をかぶっていないのですか。世の人々がみな酔っているというのならば、どうしてその酒の糟でも食べ、薄酒を飲もうとしないのですか。何ゆえに深刻に考え、孤高を持して、自分から追放されるようなことをしたのですか。」と言った。屈原はこれに対して、「私は、こういうことを聞いています。『髪の洗いたての者は、必ず冠のちりを指ではじき落としてからこれをかぶり、入浴したばかりの人は、必ず着物を振ってほこりを払ってからこれを着る。』と。どうしてこの潔白な身に、汚れた物を受けることができるでしょうか。いっそのこと、湘江の流れに身を投じ、川魚の餌食になったとしてもどうして潔白なわが身に、世俗の汚れを受けることができるでしょうか。」と答えた。漁師はにっこり笑って、かいの音を立てながら去って行った。去りながら、こんな歌を歌った。

滄浪の流れが清んでいる時は、わたしの纓を洗いましょう。滄浪の流れが濁っている時は、わたしの足を洗いましょう。と。

そのまま立ち去って、二度とことばを交わさなかった。

屈原(くつげん) 人名 / 湘江(しょうこう) 江名 / 沢(さわ) 늪, 저습지 / 賦(うた)시 / 漁師(りょうし) 어부 / 三閭大夫(さんりょたいふ) 役人의 長 / 泥(どろ) 진흙 / 糟(かす) (술)찌꺼기 / 入浴(にゅうよく) 목욕 / 振(ふ)る 흔들다, 휘두르다 / いっそのこと 오히려, 이럴 바에는 / 餌食(えじき) 먹이, 미끼 / 滄浪(そうろう) 長江의 支流인 漢水의 古名

23

華美ということを、ある種の場所では悪いこととする。人の心の沈むところならもっともだが、学校などまで、華美が悪とされるのは、奇妙なことだ。華やかで、そして美しいとは、すばらしいことではないか。赤い花や青い花の、色とりどりに咲いているのがよい。これが灰色だけになってしまっては景色も寂しい。

学校に制服があるのはぼくの好みではないが、そのうえに、それがどれも黒っぽい。目のさめるような赤、なんて制服の学校を見たことがない。だいたい、制服がないと金がかかるというのは、実際はうそである。大学には制服はないが、たいていはむしろボロっちくなる。雑然とはするが、ぜいたくになることはあまりない。

若者の服装を見ていればわかることだが、あまり金をかけずに美しく飾ることに向うだろう。金のかかっていることだけで目立とうなんて、むしろやぼなことだ。たとえば中学校の美術の時間に、白いTシャツに好みの花を美しく描き、それを着ることにすれば金もかからず、華やかに美しいと思う。

制服の自由化に反対するのには、画一化を好む性癖の人もあろうが、むしろ自由な服装だと、その自由の責任が問われるゆえではないだろうか。制服なら、センスが悪くとも学校の悪口を言うだけですむが、服装が自由となると、その着るセンスが、親や子どもに問われる。それでつい、金目のものを着ることでごまかそうとするが、これは先に言ったようにやぼな話だ。安くて粋であるのがよい。

目立ちたがりを非難する人は、たいてい目立ちたい心を抑えている人だ。人目にたつのは悪いことではない。ただし、目立つぶんだけ、天敵の標的になりやすいが、それは本人の自業自得だ。ときにはうんと派手に、ときにはまた地味に、なんてのも悪くない。

色とりどりに 형형색색으로 / 雑然(ざつぜん)とする 어수선하다 /やぼな 촌스러운, 멋없는/金目(かねめ)のもの 값나가는 것 / 派手(はで)だ 화려하다 / 地味(じみ)だ 수수하다

24

人間は今日までにどのくらい戦って来たか。猛獣や自然と、一方に自然の助けを得つつ、一方自然と戦って勝利を得て人間は生きぬいてきたのだ。その血みどろの戦いに勝ったものの子孫だから、今でも血みどろの戦いも負けないのだ。あるものは猛獣や害虫と戦い、ある者は雑草や天候と戦い、山と戦い海と戦い、そして生きぬいて来たもののわれらは子孫である。平和に、呑気に育って来たものの子孫ではない。それだけわれらの内には劇しい血がある。なまやさしい感情だけには支配されないのだ。だから耐えがたい悲哀や、苦痛を感じる能力をわれらは持たされているのだ。

われらが勝手に感じるのではないのだ。このことを知るとき、われらはわれらの感情を客観することができ、いくらかあきらめに似た感じを持つことができるのだ。悲哀は失ったものをいつまでも泣かせるためではなく、失ってはならないものという感じを強く持たせるためである。失ったものをいつまでも嘆くのは、人情ではあるが、自然の意志ではない。本当に生き生きした、しなければならないことの多いものは、過ぎ去ったことには、未練をながく持たない方が自然だ。

しかし失ってはならないものを失うのだから、その悲哀には同情しなければならない。だからその悲哀に溺れることは生命の神は喜ばない。しかし自分は人生に、どうでもいいことばかりでなく、どうしても困るということがあることを自分は苦しみながら喜ぶものだ。どうでもいいことばかりでは人生によりどころがなくなるからだ。

何しても「はじまらない」では、われらは生きてもはじまらないことになる。そういう人もあるかもしれないが、人の生命はもっと本気さを要求している。真剣に生きること、真剣に仕事すること、真剣に愛することを要求している。恥ずかしい真似はしたくない。べつに名誉がほしくもないが、真剣な気持で仕事をしたい。そしてそれができるのは喜びだ。充実した気持で生きてゆける。

血みどろ,血まみれ 피투성이 / 天候(てんこう) 기후, 날씨 / 呑気(のんき)に 무사히, 태평하게 / 勝手(かって)に 제멋대로 / 溺(おぼ)れる 빠지다, 탐닉하다 / よりどころ 근거, 의지하는 곳 / 本気(ほんき) 본 마음, 진심 / 真剣(しんけん)に 진지하게 / 真似(まね) 흉내

25

戦後育った人たちは、戦争なんかおれたちの知ったことじゃない、それはいまの大人たちがやったことで、関係ないというかも知れません。それはそのとおりですが、このままいけば日本は、また同じような軍事国家になる危険があります。そしてまた、軍備を拡張することは簡単にいってしまえば、莫大な金儲けにつながってもいます。

戦争がいかに儲かるものであるかということは、朝鮮戦争でもベトナム戦争でも、みなさんおわかりのはずです。それはごく一部の人たちが儲かるだけではなくて、もちろん大儲けするのはごく一部の人ですが、軍事産業が大きくなれば、五兆というような数になれば、それにつながって多数の人が生活を支えることになり、それで町が栄えていくことにもなります。そうなれば軍備がふえることを歓迎する風潮が少しずつ強くなってくる。やがては、またかつてのくり返しになるでしょう。この二、三年内ということではないにしても、いずれは徴兵制度の問題が出てくるに違いありません。わたしの取越し苦労であればいいのですが、将来のことを考えれば、過去の戦争も決していまの若い人たちにとって無関心ではすまされません。

もう二度と「お前の命をよこせ」というような権力を国家に与えてはならない、そういう権力をもつ国家をつくってはならない、つくらせてはならないんです。わたしは一介の物書きに過ぎないので、それも出来れば推理小説をかいていたいわけですが、小説だけを書いてはいられない時代がくるという予感がしております。そういう事態に対して、どのように抵抗していけるかということを考えざるを得なくなっています。

知ったことではない 알 바 아니다 / 金儲(かねもう)け 돈벌이 / 取越(とりこ)し苦労 쓸데없는 걱정(근심)

26

皆さんは若い。皆さんは、長い前途を持っている。これから先、平均して六十年近くは生きるであろう。ということは、皆さんは、二十世紀と二十一世紀にまたがって生きていくことになる。その間に、いったい世界はどのように変わるであろうか。

二十世紀のはじめから六十数年間に、世の中がどのくらい変わったかをふり返ると、これから先の五十年、六十年という間には、はかり知れない大きな変化があるだろうということが、はっきりしてくる。

人間の世の中は、いったい、どうして変わるのだろうか。もちろん、地震や台風や洪水などの自然の力による世の中の変化も考えられるが、その影響は、一時的には非常に大きなものであったとしても、決して長続きするものではない。長い目で見ると、世の中の大きな変化は、おもに人間の営みによってもたらされているものであるということがいえるだろう。

たとえば、交通機関が発達する。自動車や飛行機の数がふえ、そのスピードも大きくなってくる。そういうことで、世の中が大きく変わっていく。また、通信機関が発達し、電話や、ラジオ、テレビが普及する。そうして、また世の中が大きく変わっていく。こういう種類の変化は、これから先もたびたび起こるであろう。

ところで、こうした変化は、どうして起こったのだろうか。よく考えてみると、いちばん大きな原因として、人間の知識や技術が進んできたことの結果であることがわかってくる。一口に言うと、科学が進歩した結果、世の中が変わったのである。その科学は、人間が作りだし、考え出してきたものであって、生きた人間の営みの積み重ねの結果であることはいうまでもない。科学だけではなくて、そのほかにも世の中を変えていくもとになるような人間の営みはいろいろあるが、要するに、これから先の世の中も、生きた人間の営みによって、変わっていくのである。

はかり知れない 헤아릴 수 없다 /長い目で見ると 긴 안목으로 보면 / 一口に言うと한마디로 말할 것 같으면

27

人間が生まれて来たことは事実だ。これはいかに不思議な事実であっても、事実だからしかたがない。なぜこんなものができたのか、わからないだけなおおもしろい。しかし自然は人間を大事にしているわけではない。人間を生みたくって生んだのではない。おのずと生まれたにすぎない。しかし生まれるべくして生まれたものにはちがいない。どうしてこんなものがうまれたのか。実際たいしたものを生んだものと思う。同時に、なぜこんなものを生んでくれたのだとも言いたい。生きるのは喜びばかりではないからだ。そして苦しむのは生きるためばかりではないからだ。うんと苦しんで、あげくの果て死んでゆく人間を、僕は同情すると同時に、そこまで人間を苦しめないではおけない自然に不平が言いたい。言ってもはじまらないが、なんとかならないものかと思う。

しかし僕は正直言って自然に不平を言おうとは思わない。これはやむをえないことに思われる。人間を死滅させないことを望むものがあれば、死を楽なものにはしまい。死が今ほどに恐ろしいものでなく、苦しいものでなかったら、言うまでもなく人間はとっくに死に絶えてしまったにちがいない。死ぬ苦しみと、死の恐怖があるために、人間はどんな苦しいときも生きようと努力するのだ。

人間をそんなにまでして生かしたがるのは何か。その何かの正体を掴みたい。

しかしそれは生きんとする意志である。その意志は何から生まれた。やはり自然からではないか。

どこかに生きようとする生命の源泉があるように思う。われらはそれに支配されて生きて来た。何のためということはわからないが、何十万年か前から生きて来たことはたしかと思う。それはまだ人間にならなかった時代から人間になろうとして、ついに人間になったもの、そのものは何か。僕はくりかえし言うが、そのものの意志と能力に感心するのだ。そして、自分が生まれて来た宿命に驚くのだ。

~であっても ~일지라도 / やむをえない 부득이 하다, 어쩔 수 없다 / 死に絶える 다 죽어버리다/ 生きんとする＝生きようとする

28

私はどうも「青年のうるわしき友情」というやつを信じません。子供の社会のほうがずっと正直で、子供の社会はいつも苛烈な裏切りの危機に直面しています。必ず「いい子」になりたがる子がいて、はじめは自分も悪戯の計画に加担していたくせに、途中から急に寝返って、お母さんや先生のところへ、言いつけに走るからです。こういう点では、女の社会は、男の青年の社会よりずっと正直で、子供の社会に似ています。異性が一人あらわれたら、裏切りや謀略は忽ち日常茶飯事になる。そしてこのほうが、青年の社会よりも、現実のわれわれの社会生活のよき雛型なのであります。現実の社会は、残念ながら、友情的青年の理想社会よりも、ずっと女や子供の社会に似ています。しかし大人の社会では、子供や女ほどの正直な裏切りは少なく、いろんな点でうまくやっており、友愛らしきものも保たれている。しかしラ・ロッシュフコオは、例の身もフタもない調子で、『世間の人が友愛と呼びなすものは、ただの社交、欲得のかけ合いかけひき、御親切のとりかえっこにすぎない。結局、自愛が常に何かの得をえようとしてする一種の取引にすぎない。』と言っています。

でも夫婦というものがウソをつき合いながらも何とか楽しくやってゆくように、大人の友愛なるものも、上のごとき前提の下に、特殊の親しみも生れ、なつかしさも生れ、憎からぬ気持も生れ、空気みたいな気易さも生れる。そんなわけで、この世の中も、どうやら地獄にならずにすんでいる。そこのところのいきさつが、青年にはなかなか呑み込めません。

うるわしき 고운, 아름다운 / 苛烈(かれつ)な 가열한 / 悪戯(あくぎ) 못된 장난 / 雛形(ひながた) 모형 / 身もふたもない 지나치게 노골적이라 맛도 정취도 없다 / 欲得(よくとく)이득을 탐냄 / かけ合い 흥정, 담판 / 呑(の)み込む 삼키다, 이해하다

29

慎んで沈黙を守り深く道を考えることは、真理や学問を自分のものとするための心構えである。孔子は「道について思索すれば、物の道理を会得することができるが、思索しなければ会得できない。」と言っている。だから、学問に志す者が、真理や学問を自分のものにすることができるか否かは、孔子が言うように各自がよく思索するか否かによるのである。このようなわけで思索ということが、学問上の努力を積み重ねていく上で、非常に有益なものである。論語に「書物や師について学ぶだけで、それについて自分から深く思い考えなければ、真の意味を理解することはできない。」とある。だから孔子が学問と思索とを対の語として言ったことは、まことに理由のあることである。

人の性質は一方に片寄ることが多い。このことは聖人でない限りは、まぬかれがたい点である。そしてその性質の片寄っている点こそ、過ちの生ずるもとである。だから賢者でも、過ちがないというわけにはいかない。かりにも自分の身を修め反省することがないならば、その言行を過たない者はほとんどないであろう。その上、一般人の心は良心が私欲にふさがれることが多く、一方に片寄っていて狭小である。だから学問に志す者にとっては、できるだけ多く見聞きし、好んで他の人にものをたずねて、その意見をとり入れ、自分の過ちを聞いて、その忠告をとり入れることが大切なのである。

むやみに自分の意見を固守して、みずから正しいとするのは、よくないのである。学問は、順序を追って毎日進めて行くことが大切である。たとえばこの天下の極めて遠い所には、当然まだ人跡の至っていない所もある。

しかし毎日努力して進んで行き、休むことがないならば、やはりどんな所にでも行きつけない所はないのである。それと同じように学問のみなもとは深い所にある。もし基礎的なことを学ぶ努力を毎日続けて休むことがなく、それを長く続けていけば、必ず学問の深遠をきわめることができるのである。

慎(つつし)んで 삼가 / 心構(こころがま)え 마음가짐 / 会得(えとく) 터득 / 片寄(かたよ)る 치우치다, 기울다 / ~わけにはいかない~할 수 없다 /~にとっては ~에게 있어서는

30

十四、五になる大概の家の娘がそうであるように、袖子もその年頃になってみたら、人形のことなぞは次第に忘れたようになった。

人形に着せる着物だ襦袢だと言って大騒ぎした頃の袖子は、いくつそのために小さな着物を造り、いくつ小さな頭巾なぞを造って、それを幼い日の楽しみとしてきたか知れない。町の玩具屋から安物を買って来てすぐに首のとれたもの、顔が汚れ鼻が欠けたりするうちにオバケのように気味悪くなって捨ててしまったもの —— 袖子の古い人形にもいろいろあった。その中でも、父さんに連れられて震災前の丸善へ行った時に買って貰って来た人形は、一番長くあった。あれは独逸の方から新荷が着いたばかりだという種々な玩具と一緒に、あの丸善の二階に並べてあったもので、異国の子供の風俗ながらに愛らしく、格安で、しかも丈夫に出来ていた。茶色な髪をかぶったような男の児の人形で、それを寝かせば眼をつぶり、起こせばぱっちりと可愛い眼を見開いた。袖子があの人形に話しかけるのであった。それほどに好きで、抱き、擁え、撫で、持ち歩き、毎日生きている子供に話しかけるのとほとんど変わりがないくらい着物を着せ直しなどして、あの人形のためには小さな蒲団や小さな枕までも造った。袖子が風邪でも引いて学校を休むような日には、彼女の枕もとに足を投げ出し、いつでも笑ったような顔をしながらお伽話の相手になっていたのも、あの人形だった。

袖子(そでこ) 人名 / 襦袢(じゅばん) 속옷 / 玩具屋(おもちゃや) 완구점 / 震災(しんさい) 지진 재해 / 擁(かか)える 껴안다 / 撫(な)でる 쓰다듬다 / お伽話(とぎばなし) 옛날이야기, 동화

31

女房というものは、我々作家にとってあんまり良妻型だとちょっと困る場合がございます。というのは文学史的に見まして、良妻をもつ作家はあんまり偉くなっておりません。文豪といわれる人の奥さんはほとんどが悪妻でございます。

たとえば、森鴎外の奥さんも「悪妻」といわれた型でございます。くわしい話をしますと時間をとりますのでやめますが、そのために鴎外の憤懣はあったと思われる。しかし、夫婦げんかになると、私どもと違い、鴎外の場合は、彼の理性なり教養なりがじゃまをいたしますから、内心の憤りを押えていたでしょう。第一夫婦げんかばかりしていては気持が乱れますから原稿が書けない。鴎外の奥さんは、夜中の二時、三時頃に二階の書斎に上ってきて夫になんだかんだと文句を言う。その奥さんを鴎外先生はなだめすかして階下にひきとってもらう。そうしてまた原稿を書きつづける。翌日は早く起きて馬に乗って軍医総監部か何かに行く。のちには宮内省図書療に出勤する。そういう超人的な活動を鴎外先生はされていたわけです。奥さんに対する内心の怒りがあれだけの著作になったのではないかと私は心理的に解剖しております。また夏目漱石の奥さん、これも悪妻だったといわれている。洋の東西を問わずで、トルストイも例外ではない。トルストイが八十をすぎてヤースナヤ・ポリャーナという山荘を家出したのも、ソフィアという妻のせいらしい。評伝には、トルストイの原稿の清書もする家庭的な夫人とあるが、賢妻は必ずしも良妻ではない。トルストイの家出の別な一面には女房が悪妻だったのではないか。トルストイは雪の降りしきる小さな駅で息を引きとっておる。イタリアのノーベル賞作家ピランデルロという人は、十五年間も女房に苦しめられ、ただ劇作や小説を書くだけに精神力を集中したという。だからノーベル文学賞をもらったのです。だから、みんな文豪になった。

それじゃお前はどうかというと、私の場合は中途半端です。私の女房はこの佐賀県の生まれでございます。日頃は標準語で何とかやっておりますが、私に腹をたて文句をいうときは佐賀弁なんです。佐賀弁でないと、怒りの感情が出ないらしい。「佐賀弁デ云ワンバ、気持ノ出ランモン」といいます。私は佐賀モンではありませんが、「フウケモン、ニャアゴトイヨラスカイ」と答えます。まあこのような程度で、したがいまして私は「文豪」になる資格はないようでございます。

芯(しん) 마음, 싹 / 良妻(りょうさい) 좋은 아내 / ～なり ～なり ～든지~든지 / 息を引きとる 숨을 거두다, 죽다 / 日頃(ひごろ) 평소, 평상시

32

僕はくり返し言いたいのは、人間は自分でものを感じるのではない。感じさせられるから感じるので、そう感じさせられるのには無目的でなく、それによって自然が人間をどう生かしたがっているかを知ることができるということである。自然は無意味に人間を苦しめるものでなく、また無意識に人間を喜ばすものでもない。適度に人間を喜ばせ、また適度に人間を苦しませたり、弱らしたりして人間を導くものだということを読者にはっきり知らせたく思うのだ。だから賢い人間は、自然が人間を生かしたがっているようにすなおに生きようとする人間であり、またそう生きられるように社会をよくしてゆく人間であることを自分は証明したいのである。そしてそのいちばんはっきりした例を今まであげて来たし、今後も二、三そういう例をあげてみたいと思っているのだ。

たとえば人間に与えられているいちばんいやなものの一つである死の恐怖も、人間の肉体の苦痛と同じくただ人間を苦しめるために与えられているのではない。

肉体の苦痛は健康を保つために与えられているように、死の恐怖はできるだけながくその人を生かしたいために与えられているのだ。人間に死の恐怖を与えたのは人間でないことはわかっている。これは自然に与えられたもので、もし人間が勝手にこの死の恐怖に打ち克てるようにできていたら、人間はとっくに死滅していたであろう。死ぬことが苦しみでなく、恐ろしくもなく、平気であったら、生きているのがめんどうになれば、誰でも死んでゆく。いくら道徳で自殺はよくないと聞かされても、眠いときに眠るようなものだったら、生きている必要は感じまい。人間は何のために生きているかわからないとしても、人間をつくってくれたものが人間を生かせるだけ生かしたがっていることは死の恐怖の強さでわかる。

適度(てきど)に 적당히, 알맞게 / 弱(よわ)る 약해지다 / 賢(かしこ)い 현명하다, 영리하다 / 勝手(かって)に 제멋대로, 함부로 / 打ち克(か)つ 이겨내다, 극복 해내다

33

それでは、日本文化の特徴というのは何かといいますと、ひとつきわだったところがあるのです。人類学とか世界史をやっている学者の間では、日本というのは特殊な国で、一民族、一国家、一言語、一文化、一信仰——これは〝祖先崇拝〟ですが——というふうに、民族がすべて一つにまとまっている、世界で類をみない国だということがいわれている。その結果、日本人ほど不思議な民族はいない。国民のすべてが、一つの刺激にまったく同じ反応をする、同じことでみな喜び、同じことでみな怒る、というのです。気にくわないことは、日本人みんなが気にくわないし、気に入ることはみんなが気に入る。

これは、それがあたりまえだと思って、その中で暮らしているみなさんにはわかりにくいことかもしれませんが、たとえば戦争中、日本人がフィリッピンでこんな大失敗をしたことがあります。フィリッピンへ行って、そこにかわいい女の子がいたので、日本でみんながやるように、手で頭をなでたのです。そしたら、大変なことになった。そこでは、頭というのは神の宿る神聖なところで、右手というのは邪悪なものとされていたのです。これで神聖な頭をなでたということは最大の侮辱になったのです。もう、反乱が起こりかけたくらいですが、日本人は一民族一文化ですから、人間はみな同じ考え方をするものだと信じきっていますので、どうしてむこうの人が怒るのかなかなか理解できなかったのです。しかも、同じフィリッピンでも場所によってちがいますからよけいややこしい。

世界には右手文化圏、左手文化圏といって、右手か左手のどちらかが神聖で、その反対は穢れているというふうにわかれている地域があります。日本人は、そんな習慣の違いがあるなんてことは思ってもみない。そういう誤認をまたマスコミなどが「人みな同じ」とか「人間として」という安易な発想であおる。そこで、ヨーロッパなんかへ行っても、人間はみな同じだと思いこんでいる。日本での風俗習慣そのままにふるまうものですから、時にはひじょうな誤解を受けて、こちらは誠意をつくしたつもりでいてさえ、日本人は礼儀知らずだと、相手をおこらしてしまうようなことにもなります。

類をみない 유례없는 / 気にくわない 마음에 들지 않다 / 気に入る 마음에 들다 / たいへんなことになった 큰일이 벌어졌다 / 信じきる 완전히 믿다, 아주 믿다 / 穢(けが)れる 더럽혀지다, 부정해지다 / 誠意をつくしたつもりで 성의를 다할 셈으로

34

奥さんがたで申せば、陰口の仲間でしょう。思いきってだれかの悪口をいい合ってもばれない仲間です。みんながいっしょになって、心からあいづちを打ってくれる仲間です。陰口というのはだんだんエスカレートするから楽しいんで、「あなた、あの人にこんなことがあったのよ」といって、「そんな、人の陰口をいうもんじゃありませんよ」なんていわれたら、全然おもしろくない。「そうよ、そうよ。こういうこともあったのよ」ともっと悪いことをいう、そういう仲間が楽しいのでしょう。

女性は、ほんとうに陰口に生きがいを感じておられるように思われます。私は、女子大で長いこと教えていたのですが、その女子大生が集まってしゃべっているのを聞いていると、楽しそうで、熱中していて、顔が輝いているのは、たいていだれかの悪口の場合です。これは、男でもそのとおりで、貝原益軒さんも、酒のさかなにいろいろあるが、陰口はいちばんいいさかなだといっています。

陰口というのは、ふつう、日常のちょっとした欲求不満や、もやもやした気分のはけ口です。日本には「泥棒にも三分の道理」ということわざがありますが、泥棒でさえ三分——というのは三パーセントでなくて、三割ということですが——の道理があるのですから、陰口をいうほうにも、三分以上は、いわずにおれない事情がある。しかし〝告げ口〞はいけない。日本人は、告げ口をする人間はひじょうにきびしく批判します。告げ口には、きわめてひきょうなやり方でもって、人を傷つけたり、事実をまげて自分の立場をよくしようとする悪意がはっきりしていまして、それこそ水入らずの信頼関係をこわす大敵だ。だから、告げ口はいけないけれど、精神衛生になる程度の陰口ならばほっておけ、というのが日本人の考え方です。

ほっておきますと、陰口はやっているうちにお互いがどんどんエスカレートしてまいりますが、そこには、やはりおのずから〝人間的信頼〟というルールがありまして、あまり悪口をいっているうちに、ちょっといいすぎたかな、あの課長にも多少いいところがあるんだという気になる。そして、おさまってしまう。そういう点での人間性への信頼が日本人の基礎的な人間観だと私は考えています。

だから会社の課長さんでも、会社へ出てきて、きのうまで自分にふくれていた部下がきょうはいやに笑顔を見せるなと思ったら、これはきのうの晩、おれの悪口をすさまじくいいすぎ、その反動できょうは、ちょっといいすぎたからやさしくしてやろうと心の中で思っているんじゃないかと、こう思わなければいけません。変にねじれてそう疑うのでなく、さらりとそう感じることが大切です。それを、おれはえらいからだと思ってみたり、努力していたそれが実ったと単純に喜んでいるだけではだめ。日本はそういう社会です。

奥さんがたで申せば 부인들로 말씀드릴 것 같으면 / 陰口(かげぐち) 험담 / あいづちを打つ 맞장구를 치다 / 貝原益軒(かいはらえきけん) 人名 / はけ口(ぐち)배수구, 배출구 / 水入(い)らず 집안끼리

35

私が五歳になったばかりの夏に、日本は終戦を迎えた。夜は停電になる日が多かった。狭い家の中で燈されたろうそくの明かりが揺らめくと、部屋の調度が昼間とは別様の形に見え、それが幼い私には薄気味悪かった。ろうそくを囲んで夕食をとり、そのあと私はすぐに寝かされていたのではなかったか。子供心にも、戦後まもない食料難の日々に口にする食事の不味さはひどく苦痛であった。或る夕べのことだった。その折も、ろうそくが闇の中で揺らめいていた。少し寒かったから、秋に入っていたろうか。「さっきから、外に誰かいて、うろうろしているみたいやけど……」玄関に立っていた母が心配気な様子で言った。

街灯などまだ取り付けられているはずもない戸外は、すっかり暗くなっていた。その上、停電中なので、月明かりだけで人の通るのがわかるのだった。祖母と私は母の傍へ行き、そっと通りを窺った。人通りのない夜道を一人の青年がゆっくりと通り過ぎて行き、十メートルばかり行ったところできびすを返して、こちらに近寄ってきた。引き返してきた青年は、私の家の前まで来るとしばらく立ち尽くし、そして、また離れて行った。母は玄関に早々と鍵をかけてしまった。それから何分くらい経ったのだったか、玄関に弱々しい訪いの声が聞えた。母が玄関を開けると、先程の青年が深々と一礼してから入って来た。その青年は、聴き取れないほど小声で母に挨拶していた。二・三言話した母は居間に引き返し、祖母を呼んだ。その時の母の声は低くて囁くようであった。祖母と母は玄関口に座り、訪れた青年と声を潜めて話しだした。私には話の内容が聴き取れず、言葉の断片が耳を掠めても、一体何についてあのように揃ってひそかに話し込んでいるのか察しのつくはずもなかった。耳をそばだてている私は、多分、来客があるということだけが物珍しかったのだろう。

途中で、不意に私は事の尋常でない様子に気付かされた。訪れた青年の低い声が震えており、やがて微かな啜り泣きへと変わっていった。まったく察しのつかぬ事柄のため、三人が今泣いているということは、私の胸を締めつけた。おとなが泣くということは、私には恐怖であり、漠然とした不幸の予感のため不安に陥るのだった。十二、三分ばかり話したあと、青年は再び何度も辞儀をして立ち去ろうとしていた。私の耳に、その青年が繰り返し「申しわけありません」と詫びている言葉が残った。青年は、最後に深々と頭を下げ、そして闇の中へと出て行った。

調度(ちょうど) 세간 / 薄気味悪(うすきみわる)い 어쩐지 기분 나쁘다, 섬뜩하다 / 不味(まず)い 맛이 없다 / 折(おり) 때 / 戸外(こがい) 집밖 / 窺(うかが)う 엿보다 / 立ちつくす 내내서다 / 訪(おとな)い 방문 / 居間(いま) 거실 / 掠(かす)める 훔치다, 빼앗다 / 囁(ささや)く 속삭이다 / 不意(ふい)に 갑자기, 별안간 / 尋常(じんじょう)でない 심상치 않다 / 啜(すす)り泣き 흐느껴 울음

36

喜剣はどこの人であるか、詳しくはわからない。ある者は薩摩の藩士だという。とにかく人に越えた節操の持ち主であったらしい。元禄年間、赤穂藩は土地を没収され、大石良雄は国を去って京都にいた。当時、大石たちが仇討ちをするだろうとの評判が非常に高かった。良雄はこれを心配して、わざと歌舞道楽にふけるとみせかけ、世間のうわさを打ち消そうとした。ある日、島原の茶屋で遊んでいたが、ちょうど喜剣もまた遊びに来ていた。喜剣はもとより良雄と知り合いではなかった。しかし心ひそかに、世間のうわさが本当であることを願っていた。しかし良雄が遊びにばかりふけっていることを聞いて、たいへん不愉快に思っていた。

そこで良雄を招いて同じ茶屋で酒を飲み、仇討ちのことをそれとなくほのめかした。良雄は話にのってこなかった。そこでさらに繰り返して明らさまに仇討ちすべきことを言った。良雄はそれでも応じないで、ゆったりと落ち着いて談笑しているばかりで、承知する様子を見せなった。喜剣はそこで、目を怒らせて大声で「お前は人間の面をかぶっているが、獣と同じようなやつだ。お前の主君は切腹させられて死に、国は断絶した。お前は家老でありながら仇討ちをすることも知らないとは、獣でなくて何だ。お前を獣扱いにしてやるぞ。」と罵った。そして左足を伸ばして、刺身を数きれ足の指先にのせて良雄に食わせた。良雄は平気で首をかがめて食い、食い終ると指先のしずくまでなめた。その時、良雄がからからと笑う声と、喜剣ががんがんと怒り罵る声とが、やかましく茶屋の外にまで聞こえた。

その後しばらくして、喜剣は君命を帯びて江戸に行った。その時たまたま赤穂の藩士たちが仇討ちをしたことを聞き、よく尋ねてみると、同志の者は四十六人で、良雄はその頭であった。喜剣はたいへん驚き、「ああ、わたしは生きていられない。わたしが良雄を獣のように見たのは、私の目の罪である。わたしが良雄を獣と罵ったのは、わたしの舌の罪である。わたしが良雄を獣扱いにして足で食わせたのは、わたしの足の罪である。わたしが良雄を獣扱いにしたのは、わたしの心の罪である。」

このようにわたしの身は罪のかたまりである。「ああ、わたしは生きていられない。」と。

そこで病にかこつけて国に帰り、公私の仕事を処理して、また江戸に来てみると、良雄はもはや同志の者と一緒に、みな切腹を仰せつけられ、江戸の泉岳寺に葬られていた。

そこで、その墓に参拝し、「わたしは、すべての罪を地下でお目にかかっておわびする外はありません。」と言った。そして刀を抜き、腹を切って自害した。このことを知ってある人が、喜剣をも良雄の墓のそばに葬った。

さて、喜剣は、初めは良雄とは知り合いではなかったが、仇討ちを決行することを切望し、中ごろには思うままを言って忠告して、罵って、恥ずかしめるまでに至り、終りには一命を捨ててまで自分の気持ちを明らかにして謝罪した。中庸の道を行った者ではないかもしれないが、その人に越えた節操は、昔のおとこ気のある人にも劣らないと言ってもよいであろう。

喜剣(きけん) 人名 / 薩摩(さつま) 地名 / 藩士(はんし) 제후에 속하는 무사 / 赤穂(あこう) 地名 / 大石良雄(おおいしよしお) 人名 / 仇討(あだう)ちをする 복수하다 / 話にのる 이야기에 응하다 / 家老(かろう) 家臣 등의 우두머리 / 江戸(えど) 東京의 舊名 / ～にかこつける ～을 핑계 삼다, ～을 구실삼다 / おとこ気(ぎ) 의협심

37

日本人は、論理よりも感情を楽しみ、論理よりも感情をことのほか愛するのである。少なくとも、社会生活において、日本人はインテリを含めて、西欧やインドの人々がするような、日常生活において、論理のゲームを無限に楽しむという習慣をもっていない。

論理は、本や講義のなかにあり、研究室にあり、弁護士の仕事のなかにあるのであって、サロンや喫茶店や、食卓や酒席には存在しない。そうしたところでは、論理をだせば理屈っぽい話としてさけられ、理屈っぽい人は遠ざけられる。

ノーベル賞を受賞された朝永博士がいつかこんなことを書いていらした。——外国の物理学者は、食事をしている時でも、酒を飲んでいる時でも、すぐ物理のディスカッションを始め、紙と鉛筆を出して式を書き、まるで何かに憑かれた人という感じで、こちらはとてもついて行けない。——と。私も外国生活になれない頃は、彼らが食事中にも、団欒のサロンでも、たいへん頭脳を使う話をするので、閉口したことである。また反対に、日本に来た外国のインテリは、日本人がお酒を飲みだすと、手のとどかない遠い所に行ってしまう、と取り残される寂しさを味わうのである。ある中国人は、日本人のこの姿を見るにつけ、あのように無防備で楽しむことのできる日本人は羨ましい、といった。あるアメリカ人は、日本の実業家がアメリカの実業家同様忙しいにもかかわらず、ハート・アタックで亡くなる率がずっと少ないのは、馬鹿話のできる酒席の時間というものをもっている故にちがいないと考えている。

論理のない世界に遊ぶ——しかもそれがきわめて容易に日常生活の場で行われ、それが公的な関係に交錯するほど、社会生活全体のリズムのなかに、その重要な(潜在的とはいえ)部分として位置づけられている——ということは外国人にとっては一つの芸当とみえるかもしれない。

日本人にとっては、それは序列のきびしい生活における神経の疲れを癒すという重要な精神衛生に貢献しているにちがいない。しかし、この論理のない世界というものを、そして、それを社会生活のなかで、これほど機能させるということを、そうした習慣を共有しない人たちに説明することは実にむずかしい。

日本人、日本の社会、日本の文化というものが、外国人に理解できにくい性質をもち、国際性がないのは、実は、こうしたところ——論理より感情が優先し、それが重要な社会的機能をもっているということ——にその原因があるのではなかろうかと思われる。

ことのほか 의외로, 뜻밖에 / 理屈(りくつ)っぽい 쓸데없이 모든 일에 이론만 캐다 / 見るにつけ 볼 때면 / 馬鹿話(ばかばなし) 터무니없는(시시한)이야기, 바보같은 소리 / 芸当(げいとう) 곡예

38

むかし、ある所にアイヌ人の酋長がありました。その頃はまだ日本の内地にアイヌ人が大ぜいいて、それぞれ部落があって、山へ獣を狩りに行ったり、時には隣の部落と、戦争したりしなければなりませんので、強いものが大将でした。酋長というのは、その一つの部落の大将のことです。

この酋長は、そのへんでも名高い強い男で、どんな寒い目にあっても、暑い日が来ても、また幾日も幾日も食べずにいても、苦しいなどといったことは、一度もないというような男でした。今までに、熊を生け捕りにしたり、猪をたたき殺したりしたことが、幾度あるか知れません。だからよその部落の酋長からも、恐がられていましたし、自分でもこの世の中に、恐いものは何もないといっていたくらいです。

この酋長に、一人の息子がありました。そんな強い酋長でも、この一人息子のことになると、目がありませんでした。父の酋長は今にその子が大きくなったら、自分よりもっと強い、えらい酋長にさせたいものだと、常々思っていました。

ところが、その子が、だんだん大きくなっていくのを見ますと、からだがいつまでも小さくて、顔の色が白くて、優しいばかりで、少しも強くなりそうにありません。そして外の子供のように、山登りをしたり、兎狩りをすることが嫌いで、その代わり木の枝や、草の葉を小刀で切っては、それで笛をこしらえて、歌を吹くことが上手でした。

その時分のアイヌ人の間には、男の子が十歳になると、試験のようなものがありました。どんな試験をするかというと、五日とか、一週間とかの間、山の小屋に入ったきりで、何も食べず飲まずにいるとか、あるいはまた、その間ひと眠りもしないでいるとか、というような修行なのです。もっとひどいのは、友達にわざと小刀で腕を切らしておいて、それをじっと痛いとも何ともいわずにこらえている、というような、修行もありました。ちょうどその酋長の息子も、十歳になったものですから、ある日いよいよ、試験場にやられることになりました。試験場というのは、山の堀っ立て小屋です。父の酋長は、どうぞその子が、無事に試験に通ってくれるようにと、心の中にいのりました。

獣(けもの) 짐승 / 幾日(いくにち)も幾日も 몇날며칠이나 / 猪(いのしし) 멧돼지 / 一人息子(ひとりむすこ) 외아들 / 目がない 매우 좋아하다, 사족을 못 쓰다 / 常々(つねづね) 늘, 항상 / 兎(うさぎ) 토끼 / 小刀(こがたな) 주머니칼 / 時分(じぶん) 때, 무렵, 당시 / 小屋(こや) 오두막집

39

梅里先生は常陸水戸の生まれである。その長兄は病気がちであり、次兄は若死にした。先生は朝早くから夜遅くまで父母の膝もとにあって、恐れつつしんで(病気に注意して)いた。その人がらは、物事に拘泥したり、執着するようなことはなかった。神道や儒教を尊敬していたが、盲信することなく反駁もし、仏教や道教(老荘の教え)も尊崇していたが、やはり盲信することなく排撃すべき点は排撃した。お客が尋ねて来てくれることをいつも歓迎し、まるで門前が市をなすほどであった。ひまがあればいつも書物を読んだけれども、字句の末までをせんさくするようなことはしなかった。喜ぶことがあっても有頂天になって喜ぶことはなく、心配ごとがあっても悲観しきってしまうことはなかった。月の美しい晩、花のきれいに咲いた朝などは酒をついで飲んでは陶然とし、詩歌を吟じては気分を晴らした。音楽や婦人や食べ物などは、善美なものを好むこともなく、屋敷や家財道具なども、珍奇なものをもとめるということもなかった。有れば有るがままに楽しみ、無ければ無いで平然としていた。

先生ははやくから歴史書を編修しようという志をもっていた。しかし参考にすべき書物がほとんど無かったので、あちこちで捜し求めて買い入れ、一通りのものは手に入れることができた。そのうえ民間の物語や伝説なども参考にし、正しいことは拾い上げ、疑わしいことは捨て、皇位の正統と否とを明らかにし、人臣を忠臣と否とに区別して史書を編修し、先生独自の意見を立てた。

元禄三年(一六九〇)の冬、たびたび退官を願い出て役をやめた。それより前、兄の子を養育して世つぎと決めておいたが、この時、これを立てて領地をつがせた。先生の長年の志が、ここになってやっと達成されたのである。そうこうして、郷里の水戸に帰り、その日すぐに自分の墓所を瑞竜山にある父母の墓の側に選び、在任中に用いた衣冠や魚帯などの官服を埋め、土をかけ石碑を建て、自分で梅里先生の墓という字を書き記した。先生の霊は永遠にここに眠っているのである。

ああ、自分の肉体は(どこで死のうが)天命の終わったときのことにまかせ、水のほとりで死んだなら、魚やすっぽんに与えてやるがよいし、山で死んだなら鳥やけものに腹いっぱい食べさせてやるがよい。どうして劉伶のように、すきで死体を埋める必要なんかあろうか。その碑文にいうには、

月は瑞竜山の雲に隠れたけれども
余光はしばらく西山の峰にとどまっている
この碑を建て、碑文をきざみつけたものはだれであろうか
それは外でもない、源光国、字は子竜という者である

常陸(ひたち)東海道 15개国 중의 하나 / 若死(わかじ)に 요절 / 膝(ひざ)もと 슬하 / 門前が市(いち)をなす 문전성시를 이루다 / 屋敷(やしき) 대지, 저택 / 世つぎ 대를 이음, 후사 / 劉伶(りゅうれい) 人名 / 瑞竜山(ずいりゅうさん) 山名 / 余(よ) 나 / 字(あざな) 별명 / 源光国(みなもとみつくに) = 梅里先生 / 梅里(ばいり)先生 = 徳川光國(とくがわみつくに)

40

人生というものは不思議なものである。この不思議さについては人生論にも書いたが、しかしこの不思議さを如実に書くことは不可能であるし、如実に知るということも、不可能なことである。しかしこの不思議さをあるところまで知ることが、人生を考える上に大事なことに思える。

この世は無生物だけではなぜ悪いのか、僕にはわからない。この世に星があるということも不思議の最大なものかもしれない。何もない世界というものが、人間が考えるとするといちばん自然のように思える。この世に何もなくなってはなぜ悪いのだ。太陽や月や星は人間には必要なものだが、自然にとっては無にひとしいものではないか。

なぜ星雲というものが現われて、運動を起こすのか。そして、なぜそれが星となって、宇宙のなかを運行するのか。それがなぜ必要なのか。人間がいなかったとしたら、それらのものは、無意識に、無自覚に、何の考えもなく、ただ運行しているにすぎないであろう。誰のためでもなく、何のためでもなく、全く意識のない世界で、それらが活動しているのを考えると、あまりに人知とかけはなれている世界なので、われらは凄さを感じる。全く意識を失った人間が、器械のように正確に往来を同じ速度で歩きながら、なんらの表情も変えずにゆきちがっている姿を思い浮かべたら、凄い感じがするであろう。

星たちには意識はないであろう。彼らは目も耳も持たず、口も持たない。しかも規則正しい運動を続けてやまないのだ。何のためであるか。何のためでもないか。彼らの存在は人知を超越している。存在することの意味も知らなければ知ろうとも思うまい。彼らは恐れることを知らない、そのかわり喜びも知らない、また知る必要が無いのだ。

宇宙はそういう化け物の寄り集まりでいいのだと思う。意識とか、知恵とか、そんなものが必要なのは人間世界だけのような気がする。なぜ、こんなものが地上に存在しなければならなかったのか。僕にはその必要がないように思われる。

この世は石ころだけで十分ではないかと思われる。石ころだけではなぜいけないのか。生命というものはなぜ生まれたのか。その理由が僕にはわからないのだ。そして、わかる人はないように思うのだ。

~にとっては ~에게 있어서는 / 凄(すご)さ 굉장함, 무서움 / 気がする 기분이 든다, 느낌이 들다 / 石ころ 돌멩이, 자갈

41

東洋ことに仏教や道教は肉体の美を軽蔑していたかと思う。日本の古来の思想はそうでもなかったように思うが、それで日本の仏教芸術には人体の美を賛美したものが少ない。ほとんどないと言っていい。あるにはあるが、それは第二義的に扱われたもので、精神美が主になっている。このことはけっして悪いことではない。しかし肉体の美しさを表現したものもあればなおいいと思っている。

現在ではこれを目標として製作している人がもちろんあると思うが、どうも感心できるものは少ない。画の方にはいくらかあるが、彫刻の方にはなさすぎるように思う。しかし今にできるはずと思っている。

自分はここでは美術について言っているのではない。人体の美しさは、人間にとって理想的なもので、これ以上のものは考えられないことを人間として喜んでいることが言いたいのだ。しかし肉体の美にみとれていればそれでいいと言うのではない。肉体の美はわれらにとってじつに魅力はあるが、同時に過ぎやすいもので、またそれでいいのだと思っている。自然は子供を生ますために、その魅力をかぎりなく強くすることを欲しているのだから、その目的がすめば、美しさは無くなっていいわけである。その方がいいのである。齢をとってなお若さを失わなかったら、それはかえって気味がわるい。そのかわり新しい若い美が次々と完成されてゆくのだ。

自然は人間にむとんちゃくだと自分は言った。しかし人間も自然の中の子にちがいない。目のない草木にさえ美しい花を咲かせる自然は、目がある最も高級な動物人間を、人間が見て美しく見えるようにつくるのは当然すぎることである。むしろその当然すぎることが平気で行われる点に感心するのだ。なぜもっとくだらないものをつくってもいいのに、こんな上等なものをつくったか、自然はそれをべつに自慢にはしていまい。なんとも思っていないのだ。それなのにこんな完全なものができたのだ。ギリシャの彫刻のすばらしさも、自然の傑作を賛嘆してつくったにすぎない。

自分はあるとき船の上から南洋の海を見ていた。自分はこの紫紺の色をした海から何か怪物が出て来ることを想像した。何が出て来たら自分はいちばん驚くだろう。誰も見たことの無いすばらしい大きな海蛇が出て来たらいちばん自分が驚くだろう。しかしいろいろ考えてみると結局ニンフが出て来たらいちばん驚き、喜ぶだろうと思った。結局、人間がいちばん驚くのは、やはり人体だと思った。

画(え) 그림 / ~にとって ~에게 있어서 / 齢(よわい)をとる 나이를 먹다 / 海蛇(うみへび) 바다 뱀 / 平気(へいき)で 아무렇지 않게, 태연하게 / 感心(かんしん)する 감탄하다 / 紫紺(しこん) 자주 빛을 띤 감색

42

天文二十三年八月、謙信は再び八千騎の軍勢を率いて信濃に攻め入った。謙信が言うには、「こんどの戦では、必ず信玄と自ら戦い勝敗を決めようと思う」と。進んで犀川を渡って陣どった。十六日、信玄は二万人を率いて打って出て謙信の軍と相対し、塁を固く守って出て戦わなかった。一日おいて、謙信は村上義清らに夜中兵を伏せておいて、明け方にきこりを出して甲斐の信玄の塁に近づかせた。甲斐の兵は塁より出てきてきこりを追い、伏兵にひっかかって皆死んでしまった。そこで各部隊はひき続いて出て、大いに戦った。終日十七度も戦い、たがいに勝ったり負けたりした。信玄はひそかに命令を下して、大網を犀川に張って、それを伝わって川を渡り、旗や幟を伏せ隠し、葦の中を通りぬけて、いきなり謙信の旗本たちを襲撃した。旗本たちはくずれ逃げた。

信玄は勝った勢いに乗じて進んだ。すると宇佐美定行らは手兵を率いて横から出てきて信玄の軍を撃ち破り、川の中へ押し込んだ。信玄は数十騎の者と逃げた。その時、黄色の陣羽織をつけ栗毛の馬にまたがり、白い布で顔をつつみ、大刀を抜いた一騎の武者が、とび出して来て大声で、「信玄はどこにいるか。」と叫んだ。

信玄は馬をおどらせて川を渡って逃げようとした。その武者もまた川を渡り、ののしって言うには、「お前、ここにいたのか。」と。大刀を振りかざして信玄を撃った。信玄は刀を抜くひまがなかった。そこで持っていた軍扇で防いだ。軍扇は折れてしまった。そこでまた、撃って肩を斬った。甲斐の部下は助けようとしたけれども、水勢が早いので近づくことができなかった。

謙信(けんしん) 人名 / 信濃(しなの) 地名 / 信玄(しんげん) 人名 / 犀川(さんかわ) 江名 / 塁 (るい) 성채, 요새 / 村上義清(むらかみよしきよ) 人名 / 甲斐(かひ) 地名 / 大綱(おおづな) 굵은 밧줄 / 旗(はた) 기, 깃발 / 幟(のぼり) 장대에 긴 천을 매단 것 / 宇佐美定行(うさみさだゆき) 人名 / 羽織(はおり) 짧은 겉옷 / 軍扇(ぐんせん) 대장이 군진을 지휘할 때 쓰던 쥘부채

43

人間は鉱山なんかでは廃物の方で山の価値をきめずそこにある鉱物によって価値をきめる。われらはものを食べるときでも、有害なものは困るが、無益無害のものはそのまま排泄して、われらの血と肉となるものだけをとる。人間もその人のくだらない方面は問題にならず、その人の人間に役に立つ方面だけを問題にすればいいのだ。自然はまたそれをよく心得ている。われらはわれらをばかにするものからばかになる材料をとらない。賢くなるために勉強する。また身体を悪くすることを目的にはせず、よくすることを目的にする。われらは怠ける方が好きなときが多いが、しかし自己完成の道を歩くことを好み、自分をより不完全にすることを好まない。

人間は自力ばかりで押し通すことができないときはよくあるが、しかし自力をばかにしてはいけない。できるだけ自力を鍛え、磨くことは大事だ。そして、全力を出せるときは、なるべく全力を出しきるがいい。そのとき、その人は進歩し、また成長する。けっして全力を出しきらないものの全力は増さない。優れた人は全力をいやが上にも出しきれる人である。そうしてゆくうちにその人の実力は増すのだ。

将棋や碁のようなものも本当にうまくなるためには全力を出しきらなければならない。文芸はもちろん、学問、その他の仕事でも自分の全精神力、全体力をもってその仕事に没頭しないでは他の人に優るところまで深入りすることはできない。素質もあるが、自分の素質に合った仕事を選択できたら前にも言ったが全力を尽すべきだ。

役に立つ 도움이 되다 / 心得(こころえ)る 터득하다 / ばかにする 업신여기다 / 鍛(きた)える 단련 하다 / 全力を出しきる 온 힘을 다 내다 / いやが上に 점점, 더욱 더

44

人間というものは、三十歳ぐらいまでの若く元気の良い時には、時間を惜しむということを知らずにいる。知っていたとしても、甚だしく惜しむということはない。40歳以後になって、はじめて時間を惜しむことを知るようになるのである。しかし知った時には、心身の活動力はしだいに減退していって無くなりつつあるのである。だから、人が学問をするには、ぜひ若く元気な時代に志をたて、勉め励まなくてはならない。もしそうしなければ、どんなに後悔しても、結局は何のたしにもならないのである。

善行を行うように互いにすすめ励ましあうのは友人としての守るべき道である。その際にはただねんごろに親切のかぎりをつくして言わなくてはならない。もしそうでなく、むやみに口先だけで、善行をすすめ、りっぱな人物であるとの評判を得ようとするならば、その友人は厚意を少しも有り難いとは思わず、かえって仇としてうらむであろう。このようなことではなんの益にもならないのである。

道理の通った正しい意見には、だれでも人は従わざるを得ない。けれども、言う言葉がはげしすぎると、人は従わない。また、無理におしつけるような所があると、人は従わない。裏にふくむような所があると、人は従わない。自分の利益をはかるような所があると、人は従わない。すべて、道理の通った正しい意見であるのに人が従わない場合は、徳の高い人は、必ず自分を反省してみる。反省の結果、自分が従ってこそ、はじめて人も従うのである。

無くなりつつある 없어지고 있다 / 勉(つと)め励(はげ)む 전력을 다하다 / たしになる 보탬이 되다 / 親切のかぎりをつくす 친절이 극에 달하다 / 有り難(がた)い 고맙다 / 従わざるを得ない 따르지 않을 수 없다

45

三計とはなにか。それは、一日の計画はその日の朝にし、一年の計画はその年の春にし、一生の計画は少壮の時にすべきである、ということである。なぜわが塾にこの名をつけたかといえば、塾生諸君の朝寝と、若さにまかせて浮かれ遊んだりすることを心配するからである。

さて、わが塾に遊学する者は、みな孔子の説いた仁義の道を修めようと志す者である。それなのにどうして朝寝や青春の享樂について取り越し苦労をするのか。それは、人は、若ければ若いからと年を頼みとし、血気盛りの者は物に心を動かされる。このように年を頼みにしたり物に心を動かされるということが、怠り遊びまわるもととなるのである。そして怠り遊ぶ癖がついてしまうと、一生の計画もまったく台無しになってしまうのである。

天地の間に生ずる万物のうちで、人間が最も貴いのである。そして、われらは人間と生まれることができた。人間のうちで男が貴いのである。そしてわれらは男と生まれることができた。男のうちでは士が貴い。そしてわれらは士として生まれることができた。こう考えると、天がわれわれに与えてくれた恩恵は深いものである。そして、主君や父上はわれわれに学資を与えて、この上なく高遠な孔子の道を学ばせてくださる。これは士のうちで最も深い恩恵を受けているものである。

それなのに、世の中に傑出することもできないで、虫けらのようにうようよと無能な人の中で享樂にふけっていて、それで満足しているようでは、虱が褌の中に住んでいるのと何の違いがあるだろう。

それゆえ、わが塾にはいる者は、この三つの計画を考えなくてはならない。これを考えるには方法がある。一生の計をたてるには、一年一年の計を確実にたてることである。一年の計をたてるには、一日また一日と計画を確実にたてることである。そして、一日また一日と計画を実行し、心が習慣化してしまえば、怠り遊びまわっている者を見ても、無関心に見過ごすようになる。これでこそ、天と君父との恩に、皆報いることができ、そしてわたしが貴いとした士の本分が発揮できるのである。これが三計の根本である。

塾(じゅく) 사설학교, 학원 / 朝寝(あさね) 늦잠, 아침잠 / 取り越す 앞당기다 / 血気盛(けっきざか)りの者 혈기왕성한 사람 / 台無(だいな)しになる 엉망이 되다, 못 쓰게 되다 / 父上(ちちうえ) 아버님 / この上なく 더할 나위 없이 / 虫けら 벌레의 낮춤말 / ~にふける ~에 빠지다 / 虱(しらみ) 이 / 褌(ふんどし) 들보

46

レオナルドの「モナリザ」を見ていて、あの眼には、何かがあると気がついてはいた。レオナルドの描いた他の絵には、あのような眼はない。あの眼は一体なんだろうと、ずっと永い間、気になっていた。キラッと光る眼、話しかける眼、微笑する眼、愁いに沈む眼、千差万別の眼がある。だが、モナリザの眼は、その中のどれでもない。あの眼はモナリザにしかない特別の眼だ。ここまでは感じていたのだが、ある時、ふと、あの眼は妊婦の眼だ、と突然気がついた。唐突であるが、そう思った。

電車の中で、前の席に座っていた婦人の眼を見た時、ハテナ、この眼はどこかで見た眼だゾ、と思った。その婦人は、眼をこっちに向けてはいるが、見てはいない。視線が外に向かっているのだが、外を見ていない。その視線は、彼女自身の内に向けられている。眼が身体の外を見るのは、あたりまえなのだが、婦人は、外を見ていない。自分の身体の中を見ているのだ。

外を見る眼と内側を見る眼、微妙なことのようだが、誰にでも、それとわかるほどの大きな違いなのだ。その婦人は、自分の身体の中を見ている。胎内を見ているのだ。胎内にうごめく胎児を見まもる眼であった。私はその婦人が妊娠している、と確信した。色白で、透けるような肌で、やや薄い色の瞳であった。お腹がふくらんでいるのは見えなかったが、私は妙に確信を覚えた。その婦人が立ち上がったとき、私の確信は的中していた。神聖な空気が婦人を包んでいる。お腹がかすかにふくらんでいた。

私はじろじろとその婦人を見たのではない。美術家特有の修練で、さりげないふりをして観察したのだから、無礼にはならない。この婦人の眼に、私はモナリザの眼の秘密を見つけた。まさしく、同じ眼のありようなのだ。モナリザの眼の不思議さを、この時やっと私は解決した気持になった。

~に気がつく ~을 알아차리다 / ハテナ 그런데(망설이거나 의심스러울 때) / さりげないふりをする 아무렇지도 않은 듯이 (행동)하다

47

わたしが生まれたのは昭和二年(一九二七)です。昭和六年に満州事変が始まって、それが日本の侵略戦争の初めだったと思いますが、このとき、ぼくは四歳だったわけです。それから昭和十二年に支那事変が始まって、支那事変はいま日中戦争とよばれておりますが、そのときは小学生です。それから昭和十六年に真珠灣攻擊、これが太平洋戦争の勃發でしたけれども、中学二年生のときで、まだ世の中のことはわからなかった。

その間の教育というものは、いわゆる軍国主義教育で、滅私奉公とか尽忠報国、皇軍不敗というようなことで、国のために、天皇陛下のために死ぬのが、即ち生きることであると…死ぬことが生きることであるというのは、いまの若い人たちにはわからないかも知れませんが、ぼくだって本当にわかったわけではないけれども、そんなように納得したところがありまして、頭からそう教育されてきました。

それは太平洋戦争が始まってからも同じで、わたしが入学したのは、東京・高輪の泉岳寺の隣にある、あまり出来のよくないのが入る中学で、校長はえらそうなひげを生やした退役の陸軍大佐で、もちろんバリバリの軍国主義者でした。年中、国のために死ね、天皇陛下のために死ねといわれつづけてきたんです。また、わたしの周囲を見ましてもそれに反対する意見というものはまったく耳に入ってきませんでした。

すでに、国家総動員法や治安維持法などで言論が統制されつくしていましたから、字引を引いても、基本的人権などという言葉はないし、マルクス主義のマの字も聞いたことがなかった。デモクラシーのデの字も耳にしたことはありません。いわゆる神州不滅ということ、皇国日本という教育だけを受けて、疑うということを知らなかったし、疑うことを教えてくれる人もいなかったんです。

そして、昭和二十年(一九四五)に入りますと、そのころはもうサイパンが陥り、グアム島が陥り、本土の各都市が空襲で悲惨な目にあっていたわけですけれども、その当時、わたしはまだ中学生ですが、ちょっとグレておりまして、警察にぶちこまれたこともあるし、そんな関係で進学がうまく行かなかった。無試験で入れるような学校でも、内申書の操行点が悪いためにどこも入れてくれなかったのです。内申書の段階で落とされてしまうので、筆記試験を受けさせてもらえないんです。グレていたといっても、喧嘩をしたり、勤労動員の工場をサボったという程度で、反戦的な思想を持っていたわけではないです。第一、反戦的な思想なんて、教えてくれる人がいません。そうかといって、教錬が嫌いだから軍隊も好きじゃなかった。軍隊が好きなら、中学二、三年のころから予科練や特幹(特別幹部候補生)を志願しています。

成績がよければ海軍兵学校か陸軍士官学校が軍隊のエリート・コースでした。中学二、三年のころなら、まだ日本は勝つと信じていましたよ。でも、ぼくが志願したのは負け戦が目前に迫ってからで、いろいろ個人的な事情があったにしましても、とにかく国のために死ぬつもりで、志願したんです。

個人的事情のほうを正直につけ加えますと、当時は勤労動員で軍需工場へ勤めておりましたから、進学しない者は中学を卒業すると同時に、そのまま工員にならなきゃならない。それで不良工員は北海道か北九州の炭鉱に送られるということを聞かされておりまして、おれはもうどの道死ぬのだということを、その方面からも考えざるを得なかったのです。どうせ炭鉱へぶち込まれて死ぬのなら、軍隊へ志願して国のために死のうと、先ほどいいましたように、戦争はもうはっきりと負け戦の様相を呈していましたから、とにかく死に場所をそこに見つけたという感じで、両親にも無断で自分から志願したのです。

支那(しな) 중국의 구칭 / 高輪(たかなわ)地名 / 出来(でき) 성적 / 統制されつくす 완전히 통제되다 / 字引(じびき)を引く 사전을 찾다 / 耳にする 듣다 / 神州(しんしゅう) 神国 / 悲惨(ひさん)な目にあう 비참한 일을 당하다 / 操行(そうこう) 품행 / 喧嘩(けんか) 싸움 / 戦(いくさ) 전쟁, 싸움 / 無断(むだん)で 양해 없이, 함부로

48

親戚の男たちの中には、一人や二人、酒にだらしないと言われる人がいるものである。私が子供の頃よく遊びに行ったK叔父さんがそうだった。その噂は大人が勝手にするだけで、私の目には面白い叔父さんと映っていた。

ふだんから賑やかな人だが、親戚の集まりがあると常に席を盛り上げ、道化者になり切ろうとしていた。そのうえ人が良く、知人を連れて飲み歩き、一晩で給料の大半を使ってしまうことも度々あったらしい。その気っぷのよさで私も高価なグローブを買ってもらったことがある。それが好印象の原因でもあるが。

家計は苦しかったらしいが、叔母さんがよく出来た人だった。歌ではないが、私の大事な旦那さま一、という仕え方だった。

建て前や飾りにこだわる人の多い中で、気さくなK叔父さんに、私は人間的な魅力を感じていた。だが、もし自分がその子供だったら、どう思ったかは分からない。

その影響からか、酒に対する嫌悪や拒否感は無かったが、二十歳頃、屋台で初めて酒を飲み、立ち上がろうとしたら腰が上がらない。這うようにして部屋に戻ったが、飲んだ量がわずかだっただけに、ショックだった。それ以来自分は体質的に合わないんだ、と思い込んで、酒からは遠ざかっていた。

しかし、酒は全く、では男の世界は渡れない。無理やり飲まされ、嘔吐をくり返しながら酒の味が分かってきた。そうなると凝り性というか、根が意地汚いというか、酒席を探すようにして顔を出すようになった。

強い、強いとおだてられ、人の倍は飲む。酔えばサービス精神を発揮して、踊るわ、唄うわ、バカなことを言って人を笑わせる。

K叔父さんがいつのまにか、自分の中に巣食っていた。

ところが、小説らしきものを書くようになってから、少しずつ飲み方が陰湿になってきた。みんなとバカ騒ぎはするが、ふっと一人になって飲み歩く。同人の会で作品を滅茶苦茶にけなされ、素面のときはつぎを見ておれ、と心の中で強がっているが、酔うと無力感に捉われて、ふらふらになりながらも梯子酒をする。乗り越しは序の口で、自転車ごと田圃の中に突っ込んで泥だらけになったり、危ないからと歩いて帰ると、不思議なことに家に着くと靴を片一方しかはいていない。

醜態を知っているのは女房だけ、と高を括っていたら、とんでもないところから外に洩れた。

私が帰り着くのを待っていたように、京都の父から電話がかかってきた。いきなり、まだ親を心配させるか、と怒鳴りつけ、一睡もできなかったぞ、と叱言が始まった。瞬間、昨夜から明け方までの切れぎれの映像が私の頭の中で一つになった。

席を盛り上げる 좌중의 분위기를 돋우다 /　道化者(どうけもの) 익살꾼, 광대 /　建て前(표면상의)원칙 /　梯子酒(はしござけ) 몇 차례 옮겨 다니면서 마시는 술 /　高(たか)を括(くく)る 대수롭지 않게 여기다 /　酔(よ)いが覚める 술이 깨다 /　番人(ばんにん) 파수꾼 /　手帳(てちょう) 수첩

49

人間は、思い思いに生きているようにみえて、その一生には人間だからたどらねばならぬ一定の段階がある。

生まれること、結婚すること、病気をすること、死ぬことなどは、人間のほとんどがたどる普遍的な段階であろう。これらは自分独りのことであるようにみえて、多くの人とのかかわりの上になりたっている。そして多くの場合は、好むと好まざるとにかかわらず、段階の区切りには前の段階から次の段階に移るための儀礼が必要である。

自分の家族の写真帳をひろげてみると、それぞれの人生の段階に応じて行ってきた儀礼の写真が晴れやかにほほえみ、あるいは緊張した表情で貼りつけられているだろうし、一枚一枚の証書や辞令がそれを証明してくれることだろう。いわば自分の履歴書は、自分だけのものでありながら、そこには他の人々と共通するものがある。

人間は精神、肉体、知識の発達にともなって、誰もが同じような段階をたどると知りながら、自分が歩んできた段階を記念し大切にしようとする。それはなぜ大切なのか。自らの歩みをふりかえってなつかしがり、あるいは早く歩んでいった人々を追憶するためなのか。

生まれ、結婚をし、病気をし、死ぬということは、財産や社会的地位や職業や性別によって異なるものではない。万世不変の人間の姿といってよい。それを大切にするということは、今、生きる自分の生命をいとおしむからではないのか。何億か数えきれぬほどの人々がたどってきたそれぞれの一生、これからも同じようにたどるであろう子孫たちの一生は、今の自分の一生の段階とあまり変わらないのである。

個人の力によって得られる一生の業績は、人によって千変万化であろうが、生まれ、結婚をし、病気をし、死ぬということは、あたりまえのことであるだけに、さして深く考えようとはしない。しかし、その段階がやってくれば、自分も周囲の者たちも、いつからとなく伝えられてきた特定の手続きによって、その段階に達したことを慶び合い、また悲しむのである。

だれでもそうするから別に不思議はないが、誰でもすることの意味を考えることは大切な問題である。世の中がめまぐるしく移り動くときほど、このあたりまえのことが行われ、それに参加することによって、自己の存在を確かめる機会になるといえないだろうか。

自分の精神や肉体の成長は、確実に自分だけのものでありながら、誰でもが同じことを経験していく。そこに人間というものを考えるうえの、身近な問題のいとぐちの一つがありはしないか。それを考えることによって、自分が生きていることの意味を、生きていくことの重大さを認識し、生命の働きをいとおしみ、尊重することができるのではないか。

人間を理解するということは、むずかしい理論を必要としない。自分自身がすでに生きてきたという事実、その段階でなにを行ったかという事実を知れば、その事実の意味はなにかという問いかけをすればよいと思う。考える素材は幾らでも身近にある。

人間について考える一つの素材とはなにか。日本人が冠婚葬祭とか祝儀不祝儀とかいった適切な言葉で表現している、それである。冠とは人間が生まれて一人前になったしるしに頭にかぶるかんむりのことで、かんむりをかぶせる儀式をさしている。婚は男女両性が共同して一つの家族をつくり出すための儀式である。葬は死者を送り霊を弔う儀式である。祭りは神を迎えて人間と交流する儀式をいう。これらはいうまでもないことではあるが、それにかかわる人間の側からすれば慶びごとであったり、哀しいことであったりするから、祝儀不祝儀ともよぶのである。

人間の一生にかならず出くわし、それを通りこさねばならないという意味で、学問的には人生儀礼とか通過儀礼とかの用語をあてている。

~ように見えて ~인 것처럼 보이지만 / さして+否定 그다지, 그토록 / 一人前(いちにんまえ) 완전한 성인 / ~までもない ~할 필요도 없다 / 万世不変(ばんせいふへん) / 千変万化(せんぺんばんか) / 冠婚葬祭(かんこんそうさい) / 不祝儀(ぶしゅうぎ) 상서롭지 못한 일(장례식 등)

50

日本の近代の先導役を承ったときの声は〝ソンノー・ジョーイ〟〔尊王攘夷〕、すなわち「天皇を復辟せしめ、夷狄を追い払え」の声であった。それは日本を外国にけがさせぬようにすると共に、まだ天皇と将軍との「二重統治」のなかった十四世紀の黄金時代に復帰しようとするスローガンであった。京都の天皇の宮廷は極端に反動的であった。天皇の支持者にとっては尊王派の勝利とはとりもなおさず外国人を屈服させ、追い払うことであった。日本の伝統的な生活様式を回復することであった。「改革派」の政治的発言権を封じることであった。有力な外様大名たち、すなわち、討幕の急先鋒となった雄藩の領主たちは、王政復古を、徳川氏に代わって自分たちが日本を支配する道と考えていた。彼らが欲したのはただ人が変わることであった。百姓たちは自分たちの作った米をもっと多く自分たちの所有にすることを望んだが、彼らは「改革」をはなはだしく毛嫌いした。武士階級は今まで通り俸禄の支給を受け、剣をとって功名手柄をたてる機会の与えられることを希望した。尊王派に軍資金を貢いだ商人たちは、重商主義の伸張を願いはしたが、決して封建制度の罪を糾弾しはしなかった。

反徳川勢力が勝利を収め、一八六八年の王政復古によって「二重統治」が終末を告げた時、勝利者たちは、われわれ西欧人の標準から見て、恐ろしく保守的な孤立主義政策がいよいよこれから実施されるのだと期待していた。ところが、新政府の取った方針は最初からその反対であった。新政府は成立後まだ一年もたたないうちに、すべての藩における大名の課税権を撤廃した。政府は土地台帳を回収し、いわゆる「四公六民」の年貢の「四公」の分は政府に納めさせることにした。この財産没収は無償ではなかった。政府はおのおのの大名にその正規の禄高の半ばに相当する額を割り当てた。同時にまた政府は大名の、武士を扶養し、土木事業費を負担する責任を免除した。武士もまた大名と同じように、政府から俸禄を支給された。次の五年間に、階級間の一切の法律上の不平等は一挙に撤廃され、「カースト」や階級を示す徴表や差別的服装は廃止され——丁髷も切らねばならなくなった——、賤民階級は解放され、土地の譲渡を禁ずる法律は撤廃され、藩と藩とを隔離していた障壁は取り除かれ、仏教は国教の地位から放逐された。一八七六年には大名ならびに武士の俸禄は、五年ないし十五年を償還期限とする秩禄公債による一時賜金に切り換えられた。この賜金はこれらの人々が徳川時代に得ていた禄高によって額に高下があった。そしてこの金を資金として彼らは新しい非封建的経済の下で事業を始めることができた。「それは徳川時代にすでに明らかになっていた商業・金融貴族と封建・土地貴族とのかの特殊な連合をいよいよ正式に締結する最終の段階であった」。

成立後、日なお浅い明治政府の行なったこれらのめざましい改革は不評を買った。これらの施策のいずれにもまして、はるかに多く一般の熱狂的な支持を得たのは、一八七一年から一八七三年にかけての征韓論であった。明治政府は徹底的な改革を断行する方針を曲げなかったばかりでなく、この侵略計画を葬り去った。政府の施政方針は明治政府樹立のために戦った大多数の人びとの願望と全く相反するものであった。そこで一八七七年には、これらの不平分子の最大の指導者西郷が政府反対を旗印とする大規模な反乱を組織した。彼の軍隊は尊王派の、王政復古の最初の年から明治政府によって裏切られ通しに裏切られてきた、封建制度の存続を望む一切の願望を代表するものであった。政府は武士以外の者からなる義勇軍を募って、西郷の士族軍を破った。しかしこの反乱は当時政府が国内にいかに大きな不満を巻き起こしつつあったかということの証左であった。

農民の不満も同様にいちじるしかった。一八六八年から一八七八年までの間、すなわち明治の最初の十年間に、少なくとも一九〇件の農民一揆が起こっている。新政府は一八七七年になってようやくはじめて、農民の過重な税負担を軽減する措置を講じたにすぎなかった。故に農民が、新政府は少しも農民の役に立たないと感じるようになったのも無理はない。農民たちはさらにまた、学校の設立、徴兵制度、検地、断髪令、穢多非人の差別待遇撤廃、公認仏教に対する極端な制限、暦法改革、その他多くの、彼らの固定した生活様式を変革する施策に反対した。

尊王攘夷(そんのうじょうい) 천황을 받들고 외국인을 배척하는 사상 / 復辟(ふくへき) 물러 났던 왕이 다시 왕위에 오름 / 夷狄(いてき) 오랑캐, 야만인 / 外様大名(とざまだいみょう) 徳川家를 섬긴 영주(무사) / 討幕(とうばく) 幕府를 토벌함 / 雄藩(ゆうはん) 세력이 있는 큰 藩(はん) / 毛嫌(けぎら)い 뚜렷한 이유 없이 괜히 싫어함 / 貢(みつ)ぐ 공물을 바치다 / 四公六民(しこうろくみん) 농민의 수확의 4할을 年貢으로 거두어 들이던 일 / 丁髷(ちょんまげ) 상투 / 放逐(ほうちく) 추방 / 秩禄(ちつろく) 녹봉 / 賜金(しきん) 하사금 / 西郷(さいごう) 人名 / 旗印(はたじるし) 가치, 목표 / 証左(しょうさ) 증거 / 農民一揆(いっき)농민 봉기 / 穢多非人(えたひにん) 천민, 백정

저자약력

김창규

上智大学 및 漢陽大学에서 修学(文学博士)
現在 釜山大学校 日語日文学科 教授

改訂版

精選日文読解

개정1쇄 인쇄 2011년 8월 20일
개정1쇄 발행 2011년 8월 30일

편저자 김창규

발행인 윤석현
발행처 제이앤씨
등록번호 제7-220

주소 서울시 도봉구 창동 624-1 북한산현대홈시티 102-1206
전화 (02) 992 / 3253
팩스 (02) 991 / 1285
홈페이지 http://www.jncbms.co.kr
전자우편 jncbook@hanmail.net
책임편집 조성희 이신

ISBN 978-89-5668-868-8 93730 정가 13,000원